チャイニーズ・スタンダード

世界標準に挑む中国

藤村幸義

keiso shobo

まえがき

二一世紀はやはりアジアの時代

一九九七年七月に発生したアジア通貨・金融危機は「二一世紀はアジアの時代」との夢と期待をものの見事にうち砕いてしまった。その最大の原因は、アジア各国・地域が高度成長の繁栄にうつつを抜かし、自分たちに最適な「アジア型市場経済」の形成努力を怠ってきたことにある。アジアに適した金融・為替システムを構築し、自前の人材育成や技術開発に力を入れていたならば、これほどもろくはなかったはずである。

一方、欧米日も自分たちの目先の利益だけに走り、アジアの長期的、安定的な発展への配慮が足りなかった。とりわけ米国はアジアに対し性急に資本自由化を迫りすぎた。そのため短期資本が大量にアジアに流入し、経済の健全な発展を損ねてしまった。

しかしアジアの将来性が全くなくなったわけではない。アジアが今回の通貨・金融危機から立ち直るにはしばらく時間がかかろう。しかし危機に陥った原因をしっかりと認識し、各国・地域がそれぞれ適切な措置をとりさえすれば、必ずもう一度発展軌道に乗せることができるはずである。

二一世紀に世界が繁栄するかどうかのカギは、依然としてアジアが握っている。欧米日だけでは十分な経済成長を確保できない。やはりアジアを取り込んでいくことによって、欧米日の繁栄も保証されるのだ。そうした役割を演じうるのは世界を見渡しても他にはない。やはりアジアである。

アジア各国・地域は自分たちが自立しなければ、二一世紀における世界の繁栄はありえないのだと自覚すべきである。そしてアジアは自分たちのファンダメンタルズに適合した独自の市場システムを作り上げる努力をしなければならない。一方、欧米日もこれまでのアジアへの対応の仕方を反省し、アジアの自立への努力をできる限り支援していかねばならない。つまりアジア、欧米日はともにアジアの重要性を再認識し、二一世紀の発展目指して「仕切り直し」をする必要に迫られている。

なかでも中国との関係がカギに

欧米日がアジアとの関係を再構築するに際し、最も重視すべきは何と言っても中国である。中国は今回のアジア通貨・金融危機の影響を直接受けることはなかった。改革・開放政策を始めてからすでに二〇年経つが、まだ十分に対外開放したわけではない。特に資本自由化は遅れている。皮肉なことにその遅れが幸いした。

アジア通貨・金融危機の発生で、中国の対外開放のテンポは当面、鈍るかもしれないが、あくまでも一時的であろう。一二億人の人口を抱える中国が今後さらに経済発展を続けていくには、より一層の対外開放を進める以外に選択肢はない。不足している資金や技術は海外から調達するしかない。国際競争力をつけ、海外にも進出していかなければ、さらなる発展は得られない。とにかくより一層、国際経済・社会の輪の中に飛び込んでいかなければ、活路は開かれない。

中国はこの一、二年、「接軌」という言葉をしばしば使う。「接軌」とは「国際社会との一体化」という意味合いである。北京などの街角でも「国際水準接軌」（国際水準に合わせる）とか「国際習慣接軌」（国際的な習慣に合わせる）といったスローガンを見かける。国際社会との「接軌」は、中国が二一世紀に向けて解決していかねばならない最大の課題なのである。

一方、欧米日にとっても中国をいかに取り込んでいくかが重要な課題になってくる。とにかく中国の市場規模は群を抜いている。世界からの対中直接投資額は東南アジアやＮＩＥＳ（新興工業経済群）が束になっても中国にかなわない。一二億人の国内消費市場も極めて魅力的である。アジアにおける中国の存在は今後、ますます大きくなっていく。二一世紀はアジアの時代と言っても、その要になるのはやはり中国なのである。

「チャイニーズ・スタンダード」は世界に通用するか

そこで問題となるのは「接軌」の仕方である。中国はどのような形で国際経済・社会の輪の中に飛び込んでいけばよいのか、という点である。安易に中国が市場開放や民主化を進めれば、欧米日の資本や考え方が一挙に中国に流入し、中国を混乱に陥れてしまう。しかしあまりに市場開放や民主化に慎重であれば、欧米日が中国に対する関心を失ってしまう。これでは中国は国際社会から孤立化してしまう。

最も望ましいのは、一挙流入による混乱もなければ、孤立化することもない、中国独自の対外開放の仕方である。中国の独自な基準、つまり「チャイニーズ・スタンダード」を国際社会に持ち込んでいき、既存のグローバル・スタンダード（世界標準）に修正を加えていくことである。果たしてそのようなことが可能なのだろうか。

欧米日、とりわけ米国はあくまでも既存のグローバル・スタンダードこそが普遍的なものだと強調するであろう。米国は対中政策としてしきりに「エンゲージ」（関与）を口にする。中国をできるだけ国際社会に引っ張り込んでいこうとの戦略である。その場合にも、米国が判断の基準としているのは、既存のグローバル・スタンダードである。

しかしわれわれは日頃、グローバル・スタンダードという言葉をあまりに安易に使いすぎてはいないだろうか。グローバル・スタンダードと言っても、実際にはアメリカン・スタンダードが支配しているのが現実である。米国が主張する「エンゲージ」も突き詰めていけば、アメリカン・スタンダードが支配している国際社会への引っ張り込みなのである。

中国はアメリカン・スタンダードに「はい、そうですか」と組み込まれてしまうことには強い抵抗感がある。できることなら中国独自の国際化を実現していきたいところだろう。しかし、いまの段階ではとても「これがチャイニーズ・スタンダードです」と自信を持って打ち出せるようなものを作り出していない。経験不足で四苦八苦している。国際社会に飲み込まれはしないかと戦々恐々としているのが現状だ。

新たなグローバル・スタンダードの形成を

もちろん、中国が「接軌」していくには、いまの中国の経済・社会のシステムをさらに進んで改革していかねばなるまい。いまのままでは国際経済・社会との一体化は不可能である。中国にはさらなる努力が必要になろう。

しかし欧米日も多少は考え方を変えていかなければ、二一世紀の繁栄を手にすることができないのではなかろうか。中国には人類の普遍的な価値に照らしてみると、改めるべき多くの問題があるのは事実である。それらは改めてもらわないといけない。だが欧米日の側にも、既存のグローバル・スタンダードをあまりに中国に強制しすぎている、との反省が必要である。二一世紀のグローバル・スタンダードはこれまでのものとは違っていかなければならない。アジアのスタンダード、とりわけ「チャイニーズ・スタンダード」を取り入れたものにモデルチェンジしていかなければならない。

本書では中国がどのような形で国際経済・社会との一体化を図ろうとしているか、そしてどのような場所でグローバル・スタンダードとせめぎ合い、衝突しているか、さまざまな角度から分析を試みてみた。

結論的に言えば、まだ欧米日は「チャイニーズ・スタンダード」に懐疑的だが、それでも部分的に受け入れ、歩み寄りへの萌芽がみられる。一方、中国の経済・社会にも変化の兆しが現れている。経済の発展が人々の意識を変え、情報化の進展がそれに拍車を掛けようとしている。もちろん守旧勢力はいまなお根強く存在するが、改革・開放の大きな流れには抗しようもない。遅れていた政治改革もまもなく日程表に上ってこよう。世界に通用する「チャイニーズ・スタンダード」作りへの模索が確実に始まっている。

欧米日、中国の双方に現れつつある変化の芽をいかに大切に育てていくか。うまく育てていければ豊かな二一世紀を手中にできるし、育てるのに失敗すれば世界は衰退への道を歩まざるをえない。

藤村 幸義

一九九八年一〇月

目次

チャイニーズ・スタンダード

世界標準に挑む中国

第1章　チャイニーズ・スタンダード

第1節　第二段階に入った「改革・開放」

1　海洋を目指す中国

かつては「海の大国」

この数年、中国は「海洋」を強く意識するようになってきた。国連海洋法条約が一九九六年に発効したこともちろん影響しているだろうが、決してそれだけではない。北京の書店で『海洋中国』という上中下三冊の大部な書籍を見つけた。[1] この書籍の中で特に興味深いのは、かつての中国は「陸の大国」というだけでなく、「海の大国」でもあったとの指摘である。著者によれば、「中国は四五〇〇年前からすでに『海洋』を意識し、『海洋』に出ていこうとした。『龍』の存在はその最も有力な根拠となる。『龍』こそは『海洋』を征服しようとの意識の現れである」。

ところが中国は一六世紀半ば以降、衰退に向かう。著者はその主因を「国を閉ざしてしまった」ことに求めている。『海洋』から退き、『海洋』の意識をなくしてしまったからだという。いつのまにか「陸の大国」だけになってしまった。

生存空間の拡大　『海洋中国』の著者は「われわれ中国は単純な陸の国家ではなく、陸と海を兼ね備えた国家である。海に向かうことは、中国の国家利益に全くかなっている。いま中国は大国から強国に変わりつつある。そのためにも、海洋に討って出なければいけない」と宣言している。

中国に「望洋興嘆」という成語がある。もともとは「偉大な事物（海洋）を目の前にして自分の小ささを嘆く」という意味合いである。いまは転じて「何かをしようとして自分の能力不足を嘆く」といった時に使われている。しかし「海の大国」の再興を決意した中国にとって、「海洋」は恐れの対象ではない。いまや自分の小ささを嘆くのではなく、征服してやろうと奮い立っている。『海洋中国』の著者は「事典から『望洋興嘆』という成語をなくしたい」と意気盛んである。

「海の大国」は中国の生存空間を拡大するのに役立つ。中国の人口は二一世紀半ばには一六億人前後になるかもしれない。この人口を養っていくには、陸の資源だけではとても足りない。生存空間をいかに拡大するか。これが当面する大きな課題である。

海洋資源の開発は海水養殖、海洋石油・天然ガス、海浜観光、海洋食品工業など、新たな産業を生み出す。将来はさらに海洋エネルギー、深海鉱物資源、海洋情報産業といった新たな産業の開発も可能にしよう。

中国経済に占める海洋関係の産業規模は一九七九年にはわずか六四億元でしかなかったが、九六年には二八〇〇億元にも達している。(2) それでもＧＤＰに占めるウェートはまだ約四・一％でしかない。これからもＧＤＰを上回る成長を実現し、二〇一〇年にはＧＤＰの一〇％にまで引き上げようというのが目下の目標である。

中国の国土は九六〇万平方キロである。しかしいまやそれに約三〇〇万平方キロの海洋（排他的経済水域）が加わることになった。合計一二六〇万平方キロの拡大された「国土」によって、これから深刻化する食糧問題やエネルギー問題に対処していこうというのである。

国際社会への本格的な参入

「海の大国」が持つ意味はなにも海洋関連経済の発展だけにとどまらない。より重要なのは、中国が国際社会に本格的に参入していくと意思表示した点であろう。

中国は一九七九年から改革・開放政策を推進してきた。国内の経済システムの改革だけでなく、貿易拡大や外資の積極的導入によって対外開放も進めてきた。しかし対外開放といっても経済特別区や合弁企業の設置など「主戦場」は中国国内であり、中国が世界に討って出るというほど勇ましいものではなかった。

ところが「海洋」を意識し始めたことは、いよいよ中国が本格的に世界を目指す決意を固めた証拠とみてよい。国際システムとのリンケージを深めることによって、中国が抱えるさまざまな問題を解決していこう、ということにほかならない。

2　八合目までできた改革・開放

改革・開放を始めてから二〇年　中国が改革・開放政策を開始してからすでに二〇年が過ぎた。正確に言えば、一九七八年一二月の中国共産党第一一期第三回中央委員会総会で鄧小平氏が党の実権を掌握し、改革・開放政策を打ち出したのが始まりだった。したがって九八年一二月でちょうど二〇年ということになる。

一九九四年からは改革・開放政策も第二段階に入っている。これも正確に言えば、一九九三年一一月に開かれた中国共産党第一四期第三回中央委員会総会で、「社会主義市場経済体制の確立についての若干の問題に関する決定」を採択したことがきっかけになっている。

改革・開放の第一段階（一九七九～一九九三年）ではとにかく、やりやすいところから着手した。まず農村の改革から始め、次第に都市部の改革に移していった。都市部でも最も難しい国有企業の改革は後回しにし、個人・私営企業や外資系企業の発展に力を入れた。外資に対してはより好みせず、とにかく来るものは拒まず、の姿勢をとった。改革・開放の勢いをつけるには、やりやすいところから、しかもあまり規制を加えずに自由にやらせるという方法を採用するしかなかった。

一九九四年から第二段階に突入　ところが改革・開放がある程度軌道に乗ってくると、こうしたやり方の無秩序な側面が目立ってくる。地方政府や企業が中央の政策を無視して過大な設備投資に走り、経済を過熱化させてしまう。郷鎮企業や私営企業に対しては政府の監視の目が行き届かず、環境汚染の問題や雇用者の権利侵害の問題などを引き起こすところが続出する。税金も地方政府の取り分が増えすぎ、中央財政には全体の三割程度しか集まらない。これによって財政の機動性を損ねてしまう。一番の犠牲者は国有企業だった。非国有企業にはさまざまな優遇措置が与えられ、めざましい発展を遂げていく。反面、国有企業は非国有企業のために電気・ガスの供給を減らされたり、貴重な人材を提供したりするが、特別な優遇策は与えられない。このため競争力を失い、ほぼ半分の企業が赤字に転落してしまう。

そこで第二段階では、二つの問題と重点的に取り組み、「社会主義市場経済」の仕上げを目指すことになった。一つはマクロコントロールの確立である。もっとも改革・開放以前のような直接的な指令によってコントロールするやり方はいまや時代遅れもはなはだしい。そこで財政・金融手段によって間接的にコントロールするやり方が採用された。それによって地方政府や企業の無軌道な経済活動に枠をはめ、国全体として健全な経済運営を維持していこうというわけである。

もう一つは国有企業の改革である。これまでは容易に手を着けられなかったが、いつまでも放置しておくわけにはいかない。「社会主義市場経済」の完成を目指すからには、あくまでも国有企業に役割を発揮してもらわないといけない。ただし六万六千社もある国有企業すべての面倒はみれない。そこで数千の優良企業に的を絞り、国際競争力のある中核的な企業に衣替えしていく。九七年秋の党大会では国有企業が株式制を大胆に導入することを認めた。これまで外資系に与えていた各種の優遇策も少しずつ減らし、国有企業が不利にならないようにしていく方策も採らなければならない。

国際社会との激突

一見すると、第二段階では改革・開放が後退したかにみえる。中央政府のコントロールが第一段階よりも強まり、しかも外資に対して与えていた各種の優遇策も漸次、減っていくからだ。

しかしそうした見方は、必ずしも的を得ていない。第一段階では確かに地方政府や私営・郷鎮企業に活気があった。中央政府を無視して勝手に振る舞うことができたからだ。だが、そうした振る舞いが許されたのはあくまでも改革・開放の初期だけである。改革・開放に弾みをつける必要があったからである。

第二段階では改革・開放も富士山にたとえれば、八合目あたりに到達し、いよいよ最後の正念場を迎える。国際社会にも本格的に参入していかざるをえない。これまでのように国内だけで勝負していればよい、というわけにもいかない。

国際社会に身をさらせば、思わぬ所からの攻撃を受けないとも限らない。そうした際に地方政府や企業が勝手に自分の利益追求のために動いていたのでは、国全体のまとまりがつかない。改革・開放によって生まれてきた「新生事物」を殺してしまっては元も子もないが、中央政府がある程度のマクロコントロールはしていかねばならない。

しかも国際競争にうち勝てる中核的な企業を育てなければならない。改革・開放の中で生まれてきた私営企業や外資系企業も、そこそこの競争力は有している。しかし規模や資金力・人材など総合的にみれば、やはり国有企業をテコ入れし中核的な企業に変えていくしか方法はない。

そこで中国なりにガードを固め、国際社会に討って出る体制を整えた。それが第二段階の改革・開放政策である。したがって改革・開放の後退ではなく、あくまでも「海の大国」を目指した積極的な、前向きの政策ということができる。

ソ連邦の崩壊に学ぶ

中国がこうした新たな方針を打ち出すきっかけになったのは、一九八九年に相次いだ東欧諸国の社会主義国離脱と一九九一年のソ連邦崩壊であろう。もちろん、中国自身も八九年には天安門事件という洗礼を受けている。

とりわけソ連邦崩壊の衝撃は大きかった。旧ソ連は八五年にゴルバチョフ氏がペレストロイカ政策を打ち出すが、経済はかえって混乱し、民族問題も深刻化させてしまう。最後はエリツィン氏との権力闘争を引き起こし、崩壊に至ってしまう。

中国としては改革・開放の路線は今後も続け、なんとか完成に持ち込みたい。しかしやり方を間違えればソ連邦のようになってしまう。社会主義国としての体制は何とかして維持していかねばならない。この二つの相反する課題を同時に達成していくにはどうしたらよいか。中国が九三年末に打ち出した「改革・開放第二段階」の政策は、その中国なりの回答であったわけだ。

3　アジア通貨危機が突きつけた新たな難題

幸運だったアジア通貨危機の発生時期

だが一九九七年七月に発生したアジア通貨・金融危機は、思わぬ形で中国に新たな難題を突きつけている。つまり、このまま国際化を進めていっていいのだろうか、という疑問である。へたをすればタイやインドネシアのように国際的な投機家が入ってきて、経済をかき回されてしまう恐れがある。

もしもアジア通貨・金融危機が改革・開放の第一段階に発生していたら、中国はより大きな打撃を受けていたに違いない。特に九二、九三年の経済過熱期に遭遇していたら、経済は大混乱に陥っていただろう。その後、中国は国際社会への本格的な参入を目指し、ある程度の体制を整えてきた。つまり第二段階に入っていたからこそ、なんとか通貨・金融危機に持ちこたえているのである。

それでも通貨・金融危機の衝撃から逃れることは不可避であろう。時間が経つに従って、じわじわと影響は広がってきている。第二段階に入るに際し、ある程度の体制は整えたが、それで十分だろうかという問題が浮上している。

拡大する国際経済とのリンケージ

とにかく二〇年に及ぶ改革・開放政策の結果、中国経済は国際経済とのリンケージを飛躍的に拡大している。『人民日報』は「貿易は五年連続して世界第一一位、海外からの直接投資は四年連続して世界二位（米国に次ぐ）」と誇らしげに順位を紹

貿易依存率(貿易／GDP)

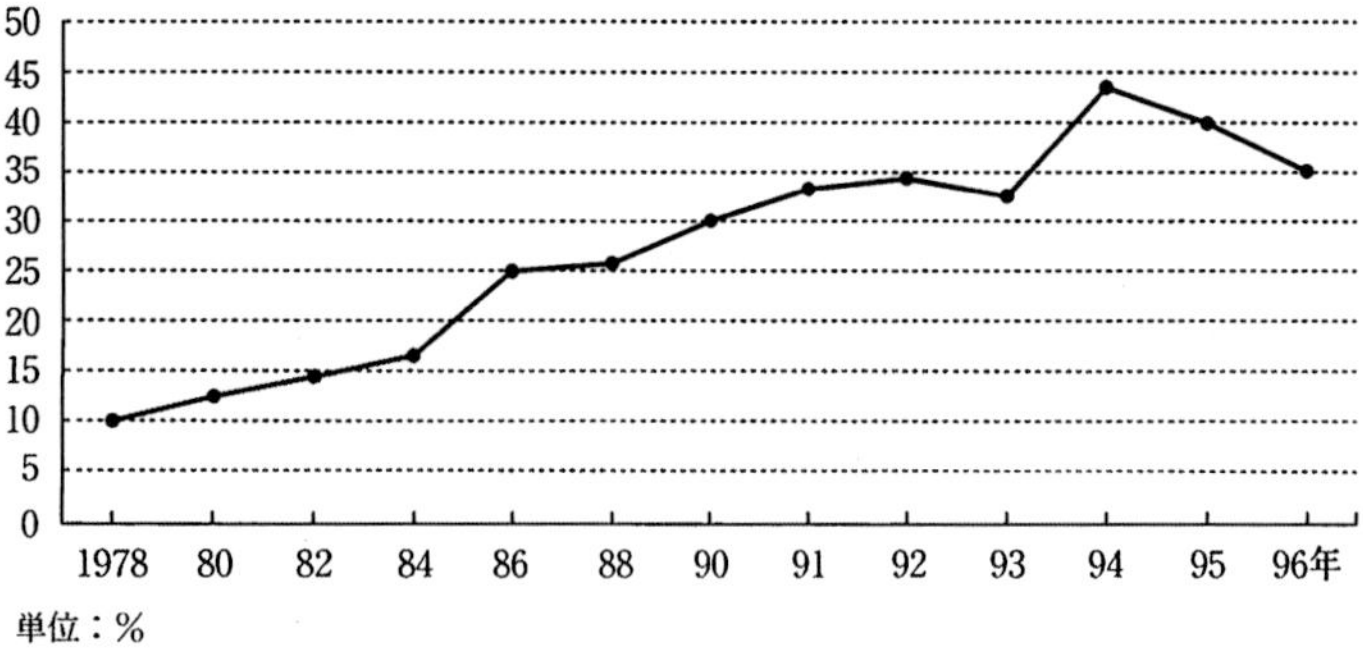

単位：%
出所：『中国統計年鑑』

海外からの直接投資の動向（契約ベース）

年	1993	1994	1995	1996	1997
全世界	1,114	826	912	732	510
香港	739	486	421	280	182
日本	29	44	75	51	34

単位：億ドル
出所：『中国統計年鑑』、対外貿易経済合作部

介している。(3)

貿易がGDPに占めるウェートをみると、改革・開放直前の一九七八年には九・七%だったが、年々増大し、九四年にはついに四〇%の大台に載せている。これだけの高い依存度は欧米など先進諸国でも例をみないほどである。

海外からの直接投資も急増してきた。一九九三年には契約ベースで一一一四億ドルというケタはずれの数字を記録した。その後、減ってきているとはいえ、九七年段階でも依然として五一〇億ドルの高水準にある。ASEANが束になってもとてもかなわない数字である。

資本自由化も不可欠に　第二段階の改革・開放では、マクロコントロール確立や国有企業改革を政策として掲げながらも、その一方で国際化はさらに進めていかねばならない。「一層の国際化」を進めないと、中国経済のさらなる発展は望めないからである。

第九次五カ年計画（一九九六〜二〇〇〇年）では、二〇〇〇年の貿易総額を四千億ドル（一ドル＝八・二元で換算すると約三兆二八〇〇億元）と見込んでいる。[4] 一方、GDPは年八％成長（実際の計画ではGNPの数値として書き込まれているが、GDPも同じ伸び率と想定）を見込んでいるので、九五年の五兆八四七八億元から二〇〇〇年には八兆五九二三億元になる。貿易依存度は三八・一％とやや下がるが、それでも少ない数字ではない。

これだけの貿易数字を確保するには、一段の貿易自由化が必要になろう。関税をさらに引き下げ、非関税障壁も撤廃していかねばならない。世界貿易機関（WTO）への加盟も長年の課題である。「権利と義務のバランス、発展途上国としての地位という基本原則を堅持し、さまざまな干渉を排除し、段階的に政策を調整し、引き続き加盟のために努力する」[5] という方針のもとに、必要以上の妥協は排しつつも、なんとか加盟を実現していかねばならない。

第九次五カ年計画では、外資についても「環境を改善し、分野を広げ、投資方向を誘導し、構造を最適化し、融資ルートを増やし広げ、国内の裏付けを強化し、外国企業の直接投資規模を拡大し、外資の利用水準を引き上げる」と、積極的な活用をうたっている。初期のころのように外資なら何でも歓迎ということではないが、今後も外資には大きな期待をしていかねばならない。

計画には外資導入の具体的な数字は盛り込まれていない。しかし、固定資産投資については年平均一〇%とGNPを上回る伸び率を想定している。外資導入もかなり増やしていかないと、固定資産投資の目標を達成できないであろう。

資本自由化についても前向きに検討していく。特に国有企業の改革を進めるには、国内の資金だけでは足りない。海外市場からの外資導入を増やさなければならない。そのためには金融、証券分野での自由化に踏み切る必要が出てくる。

国際投機家を排除できるか

ところがアジア通貨・金融危機は一九九三年末に打ち出した「改革・開放第二段階」の政策に重大な挑戦を突きつけている。周辺諸国の通貨切り下げで中国の輸出は大幅に伸びがダウンし、直接投資も急速に減っている。海外での資金調達も株式市場や債券市場の混乱で、思うようにいかない。

資本自由化にも警戒的な見方が台頭してきた。政府はアジア通貨危機にもかかわらず、資本自由化の方針には変化がないとしているが、実際には慎重にならざるをえない。資本自由化は行うにしても、どのような形で進めていくか。よほど知恵を絞らないと、国際通貨の荒波に飲み込まれてしまう。突然外から降りかかってきた試練だが、中国は忍耐強く乗り越えていくしかない。改革・開放政策を一時的に棚上げするのはかまわないが、あくまでも緊急避難でなければならない。

第2節　グローバル・スタンダードとの衝突

1　クリントン大統領と北京大学生との対話

米中の問題点を浮き彫りに　中国が「海の大国」を目指して国際社会に乗り出していくと、必ずぶつかる相手が米国である。中国にとっての国際化は、「米国との関係をどのように構築していくか」という問題に置き換えてもおかしくないほどである。

クリントン米大統領は一九九八年六月に九日間にわたって中国を訪問した。各地でスピーチや対話集会をして回ったが、なかでも注目を浴びたのは北京大学での学生との一問一答である。米『ニューヨークタイムズ』紙は「伝統的に民主主義の拠点となってきた北京大学で、学生たちがナショナリスティックな質問をぶつけたのにはがっかりした」と辛らつに批評し、おそらく中国政府から北京大学になんらかの圧力があったろうと推測している(6)。確かにそうした面は否定できない。しかし学生たちは、中国政府ならば正面切ってクリントン大統領に言えないような質問を臆せずにぶつけている。学生が見事に政府を代弁しているのである。とにかくこれほど率直に米中が言い合ったのを聞いたのは初めてである。クリントン大統領もそれほど興奮することなく冷静に受け答えしている。結果的に、いまの米中間に横たわる問題点がどこにあるか、見事に浮き彫りにしている。少し長いがやりとりを再現してみよう。[7]

学生：米中が手を取り合い、前進していくには何が最も必要か。われわれは米国の文化、歴史などの理解に努めてきた。クリントン大統領自身のこと、また過去の多くの大統領のことも学んだ。映画「タイタニック」も観た。しかし中国側の理解に比べ、米国の人たちの中国への理解は多くないのではないか。米国の人たちは文化大革命や中国の地方の生活を描いた映画を何本か観ただけなのではないか。一〇年ぶりに中国を訪れる米国の大統領としてクリントン大統領は真の理解のためにどうしようとしているか。（拍手）

クリントン：大変重要な問題だ。私が訪中した理由の一つはそこにある。今回の訪中にはご覧のように多くのマスメディアが同行してきている。彼らを通して十分かつバランスのとれた現代中国の姿を米国に伝えて欲しいと望んでいる。そしてより多くの米国人が中国に学びにくるように、より多くの米国の観光客が中国を訪れるように、より多くのビジネスマンが商売にくるように望んでいる。あなたの質問に対する回答は簡単ではないが、要はより多くの人たちが関わりを持ち、接触し合うことだと思っている。

学生：私は祖国中国の統一に大きな関心を持っている。一九七二年以来、米中間では台湾問題で前進があったにもかかわらず、米国は繰り返し近代兵器を台湾に売ってきた。しかも米国と日本は日米安保条約を強化した。日本政府筋によると、この条約の範囲には中国の台湾も含まれている。もし中国がハワイに海軍艦隊を送ったり、中国がどこかの国と米国の一部地域をも対象にした安保条約を結んだとしたら、米国はどう思うか。認めることができるか。

クリントン：まず申し上げたいのは、米国の政策は中国と台湾の統一にとって妨げとはならないということだ。「一つの中国」政策は三つのコミュニケと台湾関係法のなかに含まれている。江沢民国家主席との会談でも「一つの中国」政策を再確認した。

同時に会談では台湾の統一は平和的に行う点でも一致した。米国からは中国に対し、海峡を挟んで対話するように促した。米国は台湾に武器を売っているが、これはあくまでも防衛的なものでなければならない。また「一つの中国」政策を壊すものであってはならない。

日本との安保条約強化は特定の国を想定したものではない。あくまでもアジアの安定を支援するためのものである。日本か米国のいずれかが、中国を封じ込めようとして考え出したわけではない。

例えばNATO（北大西洋条約機構）はロシアを敵としたものではもはやない。ボスニアの戦争を終わらせるためにわれわれは過去五年間、ソ連と一緒になって努力してきた。中国とも同様である。インドとパキスタンの核実験では一緒に緊張緩和のために働いている。これからはそうした例がもっともっと多くなるだろう。今日の取り決めを過去と同じ鏡を通してみてはいけない。

学生：大統領は友好的な笑顔で中国にやってきて、北京大学にも来られた。これはわれわれとしても大変誇りとしたい。

ところで大統領は出発前に訪中の目的として「中国は大変重要であり、エンゲージメントはコンテイメントよりもよりよい」と語っている。これは一種のコミットメントなのか、それともあなたの笑顔の裏には何か隠されたものがあるのか。つまり中国をコンテインするためのなにか魂胆があるのか。（笑いと拍手）

クリントン：もし魂胆があれば、私は顔に隠せないだろう。（笑い）　だが私には魂胆がない。あなたが私に中国をコンテインしようとしているのではないかと尋ねるならば、私は「ノー」と答える。米国民は中国に対して大変暖かい感情を持ってきた。米国にとっては巨大な時間とカネを使って中国をコンテインするよりも、二一世紀に向けパートナーシップを確立した方がずっとよいと確信している。（拍手）

学生：私は今年卒業し、中国銀行に就職することになっている。大統領は何年か前に「知的経済」のコンセプトを提唱したことがあるが、若い世代の教育の重要性についてどのように考えるか。また若い世代にどのような期待を持っているか。

クリントン：私は大学に入る能力と実績のあるものはだれでも大学に入れるようにしようとしてきた。金銭的な理由が障害にならないようにしようとしてきた。まだ完全ではないが、かなりの成果をあげてきた。

経済が発展すれば、より大学教育が重要になってくる。大学の学位を取ったものは就職がしやすいという調査結果が出ている。中国においてもこれからさらに経済が発展すれば、もっともっと多くの人たちが大学に行こうとするだろう。

世界では人種や宗教の違いを理由とした多くの争いが起きているが、米中両国でそれぞれすばらしい教育をうけた若者たちは、単に（人種や宗教が）違うからという理由だけで互いに憎んだり、見下したりするような世界に対して、「強い声」を発することができるだろう。（拍手）

学生：米国においても民主、自由、人権の面でなんらかの問題があるのではないか。そうした状況を改善するためにあなたの政府は何をしてきたか。

クリントン：もちろん私は米国において深刻な問題があることを棚上げにして、中国など他国の問題を取り上げようとはしないつもりだ。米国では奴隷が合法的だった。いまでも完全になくなったわけではない。

私が大統領の選挙活動をしていた時、あるギリシャ移民が「あなたに投票する代わりに、息子を自由にしてくれないか」と言う。どうしてかと尋ねると、自宅の近所ではあまりに犯罪が多くて、自由に学校にも行けないし、公園に遊びに行くのに道を横切ることもできないという。

私は米国の犯罪率を少しでも低下させようと努力してきた。その結果、犯罪率はいま、過去二五年間のいかなる時よりも低い。それだけ米国の子供たちが自由になったということだろう。しかし犯罪率はまだ高い。なおあまりに多くの暴力が存在している。いまのはよい質問だった。（拍手）

学生：中国という国の発展への道は、われわれ国民の自由な選択によるものだ。つまり本当の自由とは、国民が自由に自分たちの生活方式を選び、発展させていくことだと思う。そして他人の自由を尊重できるものだけが、真の意味で自由とはなにかを理解できるのではないか。

クリントン：他の人たちが異なった選択をする自由を尊重しなければならない。個人の自由について相当にラディカルな考えを持った社会においても、他人の権利保護を損なうような自由には制限を認めないといけない。

学生：二つ質問したい。米国経済は一八カ月以上も上昇を続けているが、この理由は何か。また九七年に江沢民国家主席が米ハーバード大学を訪問したとき、会場の外には多くのデモをする学生たちがいた。いまこの北京大学で、同じように外にデモをする学生たちがいたとしたらどう思うか。

クリントン：米国経済の発展はまず第一に巨額の財政赤字の縮小に努めてきたことだ。三〇年で初めて均衡財政を実現しようとしている。これによって金利を押し下げ、民間部門に仕事を多く生み出してきた。第二に貿易の拡大である。第三に研究、開発、技術、教育の分野に多く投資しようとしてきたことであろう。

もうひとつは面白い質問だ。私は米国で何回もデモに囲まれたことがある。そこで私は江国家主席に「あなたもデモに囲まれてうれしい。私だけだったら寂しい」と言ったものだ。（笑いと拍手）

ベンジャミン・フランクリンが「批判は友達だ」と言ったことを思い出してほしい。この質問は批判を含んでいて大変よい。われわれにとって大変有用だ。

2　クリントン政権の「エンゲージ」政策

米中共同コミュニケ　米中関係を考察するには、一九七二年二月のニクソン米大統領による訪中までさかのぼる必要がある。ニクソン大統領と毛沢東主席との会談は世界に衝撃を与えた。米中共同コミュニケが発表され、米中関係は新たな段階に入っていった。そのニクソン政権のもとで、米中関係は紆余曲折はありながらも比較的良好な関係を維持していた。

ニクソン政権の対中政策は三つの柱から成り立っていた。つまり、①戦略的にはソ連という共通の敵が存在した、②経済的にも「世界最大の先進国」と「世界最大の発展途上国」として補完関係にあった、③市場経済化を進める中国に対してイデオロギーの面からも期待（つまり中国は計画経済から市場経済にスムーズに移行しうる最初の共産主義国であり、政治の民主化も実現できるかもしれないという期待）があった――である。

ところが一九八〇年代の半ばから一九九〇年代の初めにかけて、これら三つの柱はいずれも崩れていってしまう。①はソ連の崩壊、②は一九八〇年代半ば以降の貿易アンバランス（米国の貿易赤字が増大）がそれぞれ原因となった。さらに一九八九年六月の天安門事件によって③への期待もものの見事に裏切られてしまう。

天安門事件を機に、米国の対中政策は「人権重視」に置き換えられてしまった。最恵国待遇

（ＭＦＮ）の停止など厳しい経済制裁が課せられ、経済協力も大きく後退してしまう。高官レベルの交流も止まってしまった。

それでも中国に好意的だったブッシュ政権はなんとか早期に制裁を解除しようとして努力した。一九九〇年の中国への最恵国待遇更新問題では、更新を打ち切るべきとの強い意見も一部にあったが、ブッシュ米大統領はなんとか議会を説得することに成功した。いったん停止した高官の交流も徐々に復活していった。しかしこうしたブッシュ政権の対中政策は「弱腰」との批判を受けがちだった。特に九二年秋の大統領選挙では、クリントン候補陣営から対中政策が手ぬるいと厳しく批判された。

大統領選に勝利したクリントン氏の対中政策は当初、「エンラージ（enlarge、拡張する）」と呼ばれていた。冷戦時代には共産主義を「コンテイン（contain、封じ込める）」するが、ポスト冷戦の時代には民主主義を「エンラージ」していくという考え方である。時代の移り変わりはあるが、中国を共産主義から民主主義に強引に変えていこうという点では、この二つは同じであった。

クリントン大統領の政策転換

ところがクリントン政権が「エンラージ」にこだわったのは就任からせいぜい数カ月の間だった。次第にこの政策が効果的かどうか疑うようになってくる。そして一九九三年秋になると、「エンゲージ（engage、関与する）」という新たな政策に転換してくる。具体的には閣僚級の交流を認め、一九九四年春には「経済問題と人権問題とをリンクさせないで切り離し、中国に対する最恵国待遇の供与を認める」方針を打ち出した。

しかし、この時点では「エンゲージ」と「エンラージ」の違いがどこにあるか、米国内でもはっきりとは理解されていなかった。ジョージワシントン大学のハリー・ハーディング教授によれば[8]、せいぜいタクティック（戦術）か単なるプロセス（過程）としかみられていなかった。ちょうどこのころ、クリントン政権はより関係を強化する方向で台湾政策への見直しも行っており、対中政策への一貫性が欠けていた。このため、余計に理解されなかったのであろう。中国も「エンゲージ」政策は「ソフトなコンテイン」政策と位置づけていた。つまり以前と大差ないとみていたのである。

一九九五年から九六年にかけては、台湾海峡を挟んで中台が極度に緊張した。米艦隊が台湾海峡を通過するという危険な一幕もあった。しかしいまになって振り返ってみると、台湾海峡を挟んだ地域での一触即発の危機が米中両国に、このまま対立を深めれば互いに危険だとの自制の気持ちを生み出したのであろう。いったん緊張が去ると、米中関係には大きな転機が訪れる。九六年末には首脳交流の再開で双方が合意した。

概念のはっきりしていなかった「エンゲージ」にも、多少の説明が加えられるようになった。「エンゲージ」政策の目的は、中国を国際社会へインテグレート(integrate、統合する）していくことだ」との言い方である。

一二億人の巨大な市場

中国の江沢民国家主席の米国訪問を間近に控えた一九九七年一〇月二四日に、クリントン大統領は「中国と米国の国益」と題して演説している[9]。その中で同大統

米国の主な対中輸出品目(1996年)

航空機	1,708 (14.2)
肥料	891 (7.4)
綿・綿製品	730 (6.0)
通信機器	643 (5.3)
小麦	426 (3.5)
油脂類	415 (3.4)
機械	358 (2.9)
計測器等	296 (2.4)
冷暖房機器	251 (2.0)
紙・パルプ	234 (1.9)

単位：100万ドル、カッコ内はシェア、％
出所：米商務省

米中貿易が中国対外貿易に占める比重

1992	175 (10.5)
1993	277 (14.2)
1994	354 (15.0)
1995	408 (14.5)
1996	428 (14.8)
1997	490 (15.1)

単位：億ドル、カッコ内は対外貿易に占める比率、％
出所：『中国統計年鑑』、『中国海関統計』

米国の対中直接投資が中国全体に占める比重

	件数	契約外資額	実行外資額
1992	3,265 (6.7)	3,121 (5.4)	511 (4.6)
1993	6,750 (8.1)	6,813 (6.1)	2,063 (7.5)
1994	4,223 (8.9)	6,010 (7.3)	2,491 (7.4)
1995	3,474 (9.4)	7,471 (8.2)	3,083 (8.2)
1996	2,517 (10.3)	6,916 (9.4)	3,443 (8.3)
1997	2,188 (10.4)	4,937 (9.7)	3,239 (7.2)

単位：100万ドル、カッコ内は全体に占める比率、％
出所：『中国経済』(日中友好会館) 1998年6月

領は「新しい世紀の幕開けを迎えて、中国は岐路に立っている。中国が協力への道をとるか、対立への道をとるかは、今後何十年にもわたり、アジア、米国、そして世界に大きな影響を及ぼす。中国が閉鎖的で敵対的になる代わりに、安定し、開放的で、非侵略的な大国として、自由市場、政治的多元主義、そして法の支配を尊重し、われわれと協力して安定した国際秩序の構築を目指すようになれば、米国民にとって極めて大きな利益となる」と述べている。

米国の中国接近の第一の理由は言うまでもなく「一二億人の巨大な市場」である。米中貿易（『中国通関統計』）は、一九九〇年の往復一一七億七〇〇〇万ドルから一九九七年には四八九億九〇〇〇万ドルにまで増えている。この間の年平均伸び率は二二・六％と大変な伸びを示している。中国からみると、米国は貿易全体の約一五％を占め、日本に次いで第二の貿易相手国である。米国からみても中国は第四の貿易相手国になっている。

直接投資も貿易に劣らないほど順調な伸びを見せている。九七年は契約金額が四九億三七〇〇万ドル、実行金額が三二億三九〇〇万ドルである。契約金額では香港に次いで二位、実行金額では香港、日本、台湾に次いで四位の地位を占めている。特に契約金額で日本を追い抜いている点は注目される。

安全保障分野でも対話不可欠に　最近では安全保障に関連したさまざまな分野でも中国との対話が不可欠になっている。

クリントン米大統領が「中国の役割」として真っ先に挙げているのが核兵器など大量破壊兵器の不拡散問題である。九八年に起きたインドとパキスタンの相次ぐ核実験では、米中が共同提案して国連安保理常任理事国の緊急外相会議の開催が決まった。クリントン大統領は「中国がわれわれの主張に加わってきた」と評価している。

米国は朝鮮半島の諸問題でも中国との連携プレーをより一層必要としている。朝鮮民主主義人民共和国（北朝鮮）の核兵器開発はなんとか凍結された状態を維持している。しかしインドやパキスタンの核実験に触発され、いつ何時、再開しないとも限らない。中国と北朝鮮との関係は必ずしもよいとはいえない。それでも北朝鮮は中国から食糧や石油の援助を受けているため、中国の助言を頭から無視するわけにはいかない。

アジア通貨危機でも「パートナー」として、互いに密接に連絡をとらねばならない。仮に中国・人民元が切り下がれば、アジアの危機をより深刻化させてしまう。九八年六月、米国が円安是正のために日本との協調介入に踏み切ったのも、中国からの強い要請があったからだ。

米中両国の緊密な経済関係を象徴するものとして、中国の米国債保有がある。中国は九七年末現在で約一四〇〇億ドルの外貨準備を有しており、そのうち米ドルの準備高は全体の六〇％前後（約八四〇億ドル）を占めている。しかも約六〇〇億ドルは米国の国債である。中国側からすると「今後二、三年内に米ドルが下落し、バブル経済がはじければ、米ドルの対欧州通貨の下落幅は二五％前後に達する。これで中国は二〇〇億ドル以上の外貨準備を失う」(10)。反対に米国からすれば、約六〇〇億ドルの米国債を一挙に売られたりすれば、大変なことになる。

クリントン訪中の評価

だが米中は体制も考え方も違う。互いに対話が必要になったといっても、実際に何かをまとめようとすると、食い違いが表面化してしまう。九八年六月のクリントン訪中でも、米中双方は「建設的な戦略的パートナーシップ」を盛んにプレイアップした。ところが実質的に意味のある合意はほとんどなかった。

わずかに戦略核の照準の相互解除で合意したが、軍事的な意味合いはほとんどない。なぜならいったん解除しても簡単に再設定できるからだ。このほかに目立ったのは、中国が「人民元の切り下げをしない」と改めて約束したぐらいなものである。

WTO加盟問題は結局、「一部合意」にすら至らなかった。人権問題ではクリントン訪中の直前に、反政府活動家の拘束が相次いだりして、かえってマイナスのイメージを与えてしまった。米国はチベットのダライ・ラマとの対話を呼びかけたが、これにはもちろん中国は「ノー」である。

3 「エンゲージ」政策の曖昧さ

一党独裁の放棄を求める

なぜ合意できないかといえば、「エンゲージ」政策を「国際社会へのインテグレート」と説明しても、依然として言葉の曖昧さが消えたわけではないからだ。中国も一時に比べれば米国との対話を重視するようになっているが、米国に対する警戒心が完全に消えたわけではない。

「エンラージ」は中国に乗り込んでいって、中国を米国流の民主主義の国に変えてしまうことを意味している。一方、「エンゲージ」は確かに強引に中国を変えてしまうわけではない。「関与」であるから、あくまでも中国の主体性が尊重されているかにみえる。しかし中国を国際社会に関与させ、インテグレートさせていくためには、いまのままの中国でいいわけはない。米国はその前提条件として「米国流の民主主義」を望んではいないだろうか。

さきほどのクリントン演説（一九九七年一〇月）では「政治的多元主義」という言葉が入っていた。これはいまの中国共産党の「一党独裁主義」を放棄しろということであろう。他の箇所でクリントン大統領は「米国は中国市場で完全かつ公正な競争ができるようになるべき」「ものを考え、疑問を呈し、創造する完全な自由がなければ」といった言い方もしている。あくまでも「完全」な市場経済、「完全」な民主化でなければ気が済まないのである。

米国内には、議会やマスコミを中心に中国に対する厳しい見方がいまも根強く存在している。ロス・H・マンロー氏とリチャード・バーンスタイン氏の共著である『やがて中国との闘いがはじまる（*The Coming Conflict With China*）』はその代表的な例であろう。この本では中国がアジアでの覇権を目指し、いずれは米国との衝突が避けられない、と結論づけている。

クリントン大統領がこうした「コンテイン」や「エンラージ」につながる対中強硬論者を意識せざるをえないのは理解できる。しかし中国にいまの社会主義体制を完全に放棄して欧米流民主主義に衣替えしろと迫るのでは、中国もなかなか国際社会にインテグレートしていけない。

インテグレートか
インコーポレートか

ジョージア工科大学のフェイ・リン・ワン助教授は「中国を取り入れるには」と題した論文のなかで、「エンゲージ政策は本質的にはご都合主義で一時的な政策でしかない。異邦人を変えたい、好ましくない中国国内のシステムを変えたい、という希望の表明でしかない。戦略的方向性とビジョンに欠けている」「開かれたプラグマティックな国である米国は、国内では差異を寛大に扱ってきた。同様に国外でも差異を寛大に扱うようにしなければいけないのではないか」「いまこそ米国は上昇期にある中国と接する方法を、コンテインからインコーポレート（Incorporate、取り入れる）に切り替えて行くべき時である」と指摘している(11)。

つまりフェイ助教授は「エンゲージ」という言葉をまやかしであるとして退け、代わりに「インコーポレート」という言葉を使っている。「インテグレート」と「インコーポレート」の違いはかならずしもはっきりしているわけではない。しかし「インテグレート」には相手の差異を無視して強引に一方の側に統合してしまうというニュアンスがある。これに対し「インコーポレート」には差異を認めつつ、組み込んでいくという意味合いがある。そうだとすれば、明らかに違いがある。

ウィスコンシン大学のドナルド・K・エマーソン政治学教授も「アジアを米国化できるか」と題した論文で、アメリカ・モデルに否定的な見解を述べている(12)。同教授は「米国内の専門家たちは、八九年のベルリンの壁の崩壊がリベラルな民主主義というアメリカ政治モデルの有効性を実証したように、九七年のアジア市場の崩壊は市場経済資本主義というアメリカ・モデルの英知を実証したと思い込みがちである」と警告を発し、「コストがかかり、分裂し、簡単に行き詰まるアメリカ・モデルの系譜を東アジアが採用するとは必ずしも限らない」と結論付けている。

その理由として、①歴史、文化、政治、経済のすべての面で東アジアは多様である、②アジアはあくまでも市場経済とは違う手法を模索し続けるであろう、③アメリカ・モデルといっても画一的ではない、④米国が国際通貨基金（ＩＭＦ）を利用することへの反感――などを挙げている。

中国はどこまで我慢できるか

一方の中国はいまのところ、米国の「エンゲージ」政策に理解を示す態度をみせている。ポスト鄧小平時代への移行期をなんとか乗り切り、江沢民体制にゆとりが出てきたことも影響していよう。

中国の李肇星・駐米大使は雑誌のインタビューのなかで、九七年一〇月の江沢民訪米の際、両国が「共同声明」を発表し「建設的な戦略的パートナーシップ」の確立を表明したことを高く評価している。(13)

江沢民訪米後の半年で両国の協力関係が進んだ例として、①ホットラインが設置された、②閣僚・次官級の相互訪問が相次いだ、③世界貿易機関（ＷＴＯ）加盟のための交渉が進展した、④核エネルギーの平和利用協力協定が動き出した、⑤国連の人権委員会で米国が中国批判の議案を取り下げた、⑥アジア通貨危機で何度も連絡を取り合った――などを列挙している。確かにわずか半年で米中の協力関係は一挙に拡大した。

もちろん李大使は「双方には意見の不一致も一部にある」ことを認めている。ただ「不一致があるのはむしろ正常だ」とし、それは「対話によってなくすか、減らすか、あるいは棚上げにすればよい」と述べている。重要なのは「米中間の共通点は不一致よりも大きい」と認識している点であろう。

しかしいつまでも中国がこうした寛容な態度を維持できるとは限らない。米国が強引に自国の価値観を中国に押しつけてくれば、中国としても「ノー」と言わざるをえない場面は出てくる。もちろん中国が国際社会にインテグレートしていくには、なお改善すべき点が多くある。しかしいますぐ、すべてを変えられるわけでもない。それに米国のやり方がすべて正しいというわけでもない。中国のやり方にもそれなりに合理的な部分があるかもしれない。合理的であれば、米国としても多少は認めていかねばならない。そうした双方の歩み寄りが果たして可能なのだろうか。

北京大学で学生はクリントン米大統領に、「中国という国の発展への道は、われわれ国民の自由な選択によるものだ。つまり本当の自由とは、国民が自由に自分たちの生活方式を選び、発展させていくことだと思う。そして他人の自由を尊重できるものだけが、真の意味で自由とはなにかを理解できるのではないか」と問いかけた。これに対しクリントン大統領は「他の人たちが異なった選択をする自由を尊重しなければならない」と答えた。これは学生に対する精一杯のリップサービスでしかないのだろうか。それとも、既存のグローバル・スタンダードとは違う「チャイニーズ・スタンダード」への理解が必要だと本気で思い始めているのだろうか。

いずれにしても米中はともに大国であり、それぞれの信念を簡単に曲げたり、修正したりはしない傾向が強い。二一世紀の「枠組み作り」をめぐる駆け引きは熾烈を極めるに違いない。時間は多少かかっても、その中から共存の方向を見出せれば、二一世紀の展望は明るくなる。

第3節　国際モデルの学び方

1 「日本モデル」か「米国モデル」か

日本への視察団相次ぐ　中国が「海の大国」を目指して、国際経済システムの中に入っていく。しかし安易に出ていったのでは米国の言いなりになってしまう。米国流のグローバル・スタンダードに飲み込まれ、自国の経済を混乱に陥れてしまう可能性も出てくる。中国なりに武装していかねばならない。

だがあまりに武装しすぎたのでは、国際経済システムから拒絶されてしまう。これまで二〇年間も改革・開放を実施してきたが、さらにそのテンポを速め、洗練されたシステムに変えていかねばならない。しかし残された課題はこれまで経験したことのないものがほとんどで、自分だけでは容易に問題を処理できない。どこかに参考になるモデルはないか、中国のモデル探しが始まった。

一時期、中国の政府代表団が頻繁に日本を訪れ、各省庁や銀行などを視察して回った。中国は九四年からマクロコントロールの確立と取り組み始めるが、長い間中央集権的な行政を続けてきただけに、財政や金融を駆使した間接コントロールの手法にはほとんどなじみがない。

そこで西側諸国のどこかにモデルを見つけようと、あちこちに視察団を派遣する。そのなかで中国が最も注目したのが日本だった。米国や欧州ではあまりに市場経済がストレートすぎて、中国の経済体質に合わない。そこへいくと日本は市場経済といってもかなりアジア的で、政府の役割が格段に強い。政府が直接的な指令を出すわけではないが、行政指導とか各種審議会による答申などを通じて巧みに企業活動を誘導している。こうした日本のシステムが中国の目指すマクロコントロールの体系に最も近いのではないか、と判断したわけだ。

実際に中国は日本から多くのものを取り入れた。日本輸出入銀行・日本開発銀行による制度金融や日本銀行の政策委員会はその代表的な例であろう。それだけではない。地方銀行のあり方やバブル経済からの立ち直りの仕方など、かなり広範囲に日本の制度や仕組みを組み込んでいった。

難しい米国モデルの取り入れ

ところが取り入れたといっても、日本の制度や仕組みをそっくりそのまままねたわけではない。かなり日本の制度や仕組みに近いものもあるが、名称だけで中身は全く異なるものも少なくない。

しかも日本はバブル経済が破綻して、これまでの日本の成長を可能にしてきた日本独自のシステムに対する批判や反省の声が内外から巻き起こっている。大胆に規制緩和し、これまでのシステムを大幅改造しなければ、日本の将来はない、というわけだ。

中国も内心複雑である。せっかく「日本モデル」を積極的に取り入れてみたが、本家本元が揺らぎ始めてくると、果たしてこれでよいのかな、と思い始めてくる。「日本モデルに学べ」は中国の改革派の合い言葉だったのに、最近では保守派が「日本モデルをみてみなさい。もっと規制色が強いはずだ」と改革派を攻撃する材料に使ったりする。

そこで改革派は色あせた「日本モデル」に代えて、米国をモデルにできないかと思いつき、実際に米国にそうした目的で視察団を派遣したりしているが、いざアメリカ・モデルを中国に導入しようとすると、日本モデル以上に難しい。

中国は自分で自分の道を見つけ出すほかないのか、それとも「日本モデル」はまだ有効なのか、中国自身も迷っているのが現状だ。この迷いは中国の改革・開放がすでに開始から二〇年も経ちながら、なお最終的な目標がはっきりみえてきていないこととも関連する。マクロコントロールは財政・金融を車の両輪としているが、以下では金融分野に絞って中国の「モデル」探しを検証し、中国の今後の改革・開放の道筋はどうあるべきか考えてみたい。

2 「日本モデル」取り入れの具体例

換骨奪胎の通貨政策委員会

中国は一九九七年四月一五日に「中国人民銀行通貨政策委員会条例」を施行した。五章二六条からなっている。この条例に基づいて、「通貨政策委員会」が人民銀行のもとに設立され、同年七月末には第一回会議が開かれている。ちなみに第一回会議では委員会を各四半期の最初の月に開くことを決めている。

同委員会設立の必要性が最初に提起されたのは一九九三年一一月に開かれた中国共産党の中央委員会においてであった。九五年に制定された「中国人民銀行法」でも法律の形で中国人民銀行が通貨政策委員会を設立すべきことを明記している。

にもかかわらずなかなか設立にこぎ着けなかったのはなぜか。この方面の知識に欠けていたからである。職責、組織などを法律の形で具体的に規定するのが難しかった。

それでも設立をあきらめたわけではなかった。「中国人民銀行法」が制定され、中央銀行の経済活動における役割がいかに重要かについても次第に認識されるようになってきた。通貨政策の決定、実施に対する関心も高まってきた。「通貨政策委員会」の設立はこの数年、中国金融界でも議論の的になっていたのである。

人民銀行が中心となって条例作りが始まった。そこでの最大の問題点は、西側諸国のどの国のやりかたをモデルとするかであった。特に中国が注目したのは日本銀行の政策委員会であった。また韓国銀行の金融通貨運営委員会も大いに参考になった。

だが、日本や韓国のやり方をそのまま導入するわけにはいかなかった。なぜなら中国では国務院（政府）が通貨政策の重要事項については決定権を有している。また人民銀行は「行長責任制」を採用しており、それなりの責任も持っている。もし通貨政策委員会に通貨政策の「決定権」をすべて持たせてしまうと、国務院や人民銀行の権限と重複し、混乱を生じてしまう。

そこで通貨政策委員会は、「人民銀行の諮問機関」の役割に限定することになった。職務範囲としては、①通貨政策の立案と調整、②一定期間内の通貨政策のコントロール目標、③通貨政策のツールの運用、④通貨政策に関連した重要措置、⑤通貨政策とその他マクロ政策とのバランス――の五点を挙げている。「通貨政策そのものの決定権」を侵害しないように、慎重に配慮したあとがうかがえる。

委員会は一一人で構成される。その内訳は人民銀行行長、人民銀行副行長（二名）、国家計画委員会副主任（一名）、国家経済貿易委員会副主任（一名）、財政部副部長（二名）、国家外貨管理局局長、証券監督管理委員会主席、国有商業銀行行長（二名）、金融専門家（一名）となっている。

日本の政策委員会は日本銀行からの提議に基づき、公定歩合の変更を決定する権限を有している。もちろん政府とは完全に独立している。メンバーは金融関係の専門家で、現職の役人は入っていない。

もっとも日本でも実際に公定歩合を決めるのは日本銀行であり、政策委員会はそれを形のうえで承認するというのが現実である。本来はもっと積極的な役割を果たすべきだが、形骸化してしまっている。したがってもともと中国のモデルとするにはおもはゆい面がある。それでも最初に中国が学んだのが日銀の政策委員会であったことは間違いない。

ところが実際に設立するとなると、機能もメンバー構成も日本の政策委員会とはかなり異なる内容のものにしてしまった。結局中国における通貨政策は、国務院がすべてがっちりと握っているということだ。人民銀行にしても「国務院の指導下」と規定されており、独立性には限界がある。中央銀行が自分の判断だけで通貨政策を決めることはできないし、ましてや通貨政策委員会に任せるわけにもいかない。

通貨政策委員会が全く機能を果たさないわけではない。これまではすべての組織が国務院に直接、縦割りの形でつながっていた。そうしたなかで、通貨政策委員会のように横割りで、しかも国務院に直接つながっていない組織が登場してきたのは、やはり時代の変化といえよう。

多様な意見が出てくることによって、政策決定のミスをある程度は防げるようになるかもしれない。職務範囲もかなり広範囲で、やりようによっては実質的な役割を果たしていくことも不可能ではない。通貨政策委員会が十分な役割を果たせば、中国は独自なマクロコントロールのシステムを確立できることになるわけで、改革・開放政策全体にも明るい展望が見えてくる。

しかし決定権を持たないでどこまでやれるかはやはり疑問だ。通貨政策委員会に決定権を持たせないのなら、もっと自由な立場の金融専門家をメンバーにすれば良さそうなものだが、それすらできていない。これでは中国が金融の実態に合わせて臨機応変に通貨政策を打ち出すのは難しい。

中国が真にマクロコントロールを確立しようとするなら、政府と中央銀行、通貨政策委員会との関係はもう少し切り離した方がよいはずである。それができないところに、いまの中国における改革・開放政策の限界がある。

メインバンク制は国有企業救済の切り札になるか

中国の国有企業は目下、極度な経営不振にあえいでいる。ほぼ半分の企業が赤字に陥っているともいわれている。しかも従来は国家予算から交付される資金だけに頼っていればよかったが、いまはそうはいかない。市場システムの導入によって、運転資金、設備投資資金などは自分で工面しなければならない。となると、結局最後に頼るのは銀行からの融資ということになる。国有商業銀行の融資残高をみても、約六割が国有企業向けという圧倒的な数字になっている。

ところが人民銀行は九三年半ばころから引き締め政策に転じており、商業銀行に対して厳しい総量規制を課している。しかも国有企業は市場システムに移行してからも経営改善の意識の低いところが多く、貸し付けた資金が大量に不良債権化している。当然のことながら、銀行は国有企業への貸付を渋るようになる。そうなると国有企業の経営はますます困難になり、悪循環に陥ってしまう。

これでは国有企業の改革をやろうとしても、かけ声倒れに終わってしまう。そこで九六年後半から人民銀行は「メインバンク制」の導入を検討し始めた。これまでは商業銀行と国有企業は資金の貸し借りという関係でしかなかったが、今後は商業銀行が国有企業の経営にまで踏み込んで指導していこう、というのである。

中国人民銀行は九六年六月末に国有企業改革を支援していくための十項目の政策を関係方面に通知した。そのなかで「メインバンク制」は五番目に位置づけられている。それによると、銀行と国有企業は「銀企合作協議」と呼ばれる契約を交わし、双方の権利と義務を明確に規定する。銀行側は企業の長期発展に関心を払い、資金の面でも基本的に責任を持つ。一方企業は生産規模の拡大、製品の変更、技術改造、資産の移転・倒産など広範囲にわたって銀行にまず意見を求めなければならない。

銀行は特定の国有企業に資金を貸すだけでなく、資金の運用や投資案件の中身にまで踏み込んで、経営の相談に乗っていく。そうすることで、銀行の側も貸し付けた資金の焦げ付きを回避できる可能性も出てくるわけである。

こうしたやり方は従来の中国ではなかった。日本の金融システムを研究するなかで、学び取ったものである。とりあえずは三〇〇社の大型国有企業を対象に「メインバンク制」の実験を行うという。

もっとも銀行が国有企業の経営にまでタッチしていくには、それだけの資金力や人材が備わっていなければできることではない。日本において「メインバンク制」が役割を発揮できたのも、都市銀行を中心に銀行の力が秀でていたからにほかならない。中国の商業銀行はまだそこまでの力は持っていない。それどころか最近は、巨額の不良債権をどう処理するか、頭の痛い問題を抱えている。

それでも銀行分野の改革に着手する前に比べれば、商業銀行の力は増してきた。従来は人民銀行の地方支店が各地の商業銀行を管理するという形になっていたため、商業銀行の力も地方に分散しがちだった。ところが一九九五年の改革で、人民銀行の本店が商業銀行を直接管理するようになった。商業銀行もなにか問題があれば、人民銀行本店と連絡が取り合えるわけで、機動的に動けるようになった。

もっとも、肝心の日本でもこのところ銀行の力が弱まりつつある。バブル経済の破綻のなかで表面化した経営不振や不祥事が原因である。中国としてもせっかく日本から学んだのに、出鼻をくじかれた感じは否めない。中国で今後どこまでメインバンク制が進んでいくか、見通しはいまひとつはっきりしない。

金利機能と公開市場操作

中国社会科学院の若手学者が共同で執筆した『江沢民と本音を語る』（日本経済新聞社）のなかで、筆者は「日本銀行を例にとると、政府の定めた利率、窓口指導などの政策的手段を通して、一八年足らずの間に、六回の緊縮政策と七回の拡張政策を前後して実行しており、その頻度は改革・開放以来の中国を上回る。高頻度で小幅というのが、まさにマクロ調整水準の一つの特徴である」と指摘し、日本銀行のマクロ調整機能に注目している。金利をテコにしたマクロ調整は先進国の多くの国で実施されているが、中でも日本のきめの細かいやり方が中国には参考になるようだ。

中国において金利をテコにしたマクロ調整がうまくいかない理由はいくつかある。まず第一に金利を上げ下げしても、企業や消費者の行動にはあまり影響しないことが挙げられよう。企業のなかには「借りたカネは自分のカネ」という習性が依然として根強い。多少の金利上げ下げがあっても、それによって投資行動を変えることはあまりない。

消費者も金利に敏感とはいえない。人民銀行は九六年に二回にわたって金融機関向け貸出金利（日本の公定歩合に相当）を引き下げた。金融機関もそれに合わせて預金金利を引き下げた。それでもインフレは収束傾向にあったので、実質金利はむしろ高かったはずだが、消費者のカネは一斉に株式市場に向かった。

第二に資金の流れが改革・開放の進むなかで、大きく変化してきているが、その変化に対応できていないことが指摘できる。特に個人企業・私営企業や郷鎮企業の経営者の資産が大きく膨れ上がっているが、そのカネの行き先をうまく把握できていない。

マクロ調整がうまくいかないと、人民銀行はどうしても「総量規制」に頼ってしまう。このやり方はマクロ調整のなかでも、かつての中央集権型の管理方法に比較的近い。中国が機動的なマクロ調整の効果をあげるには、「総量規制」だけでなく、やはり金利機能など他の手段とうまく組み合わせていく必要がある。

そのひとつが公開市場操作である。中国ではこの数年、国債発行が急増しており、九六年には「債務収入」が二千億元近くにのぼった。九七年には国内だけで約二四〇〇億元の国債を発行している。また国債のほかに、大型国有企業による社債発行も始まっている。こうした債券市場の発展によって、九六年春からは公開市場操作を行うことも可能になっている。もっともまだほんの手始めであり、その機能をどれだけ発揮できるかは今後のやり方次第である。

最近は債券の発行量が増えるとともに、公的格付け機関の役割も高まっており、中国の格付け機関と日本の格付け機関との交流も盛んになっている。日本に学ぶところは多いはずである。

株式暴騰をいかに沈静化させるか

最近訪中した日本のシンクタンクの学者が人民銀行と懇談した際、日本がどのようにしてバブル期を乗り越えたか、しきりに聞いてきたという。日本銀行の幹部が訪中して日本のバブル期の経験について中国に説明したこともある。中国では九三年半ばから引き締め政策を継続してはいるが、マネーサプライ率は依然として高く、完全に沈静化したとは言い難い。

土地・株や原材料の高騰は、九三年後半からの引き締め政策によって一応、収束した。ところが九六年秋になって株が突然上がり始め、その後乱高下を繰り返している。

株式市場では、九六年半ばになって徐々に先高感が広まっていった。それまでの引き締め政策を緩和するのではないか、また九七年は香港返還や党大会というビッグイベントを控えており、政府は経済を悪くはしないはずだ、との観測も根拠になっていた。

株価は一〇月に入ると、上げ足を早め、年末になると手の着けられないほどの過熱ぶりを示した。深圳B株の指標でみると、九六年の最安値は七月一日の四四・八〇だったが、一二月九日の最高値は一九八・一四と四倍以上に暴騰している。

さすがに政府は危機感を覚え、『人民日報』を通じて警告を発した。こうしたやり方がいかにも中国的といえる。とにかく一九九〇年に証券取引所が発足してからまだ六年しか経っていない。

この六年の間にも相場の山谷は何度かあったが、一挙に四倍にも暴騰するという事態は初めてのことである。中国当局もどうしたら沈静化できるか、ノウハウを持ち合わせていなかった。

それでも『人民日報』の警告によっていったんは相場は下がるが、九七年三月ごろから再び上げ始め、五月には九六年末の水準をさらに上回ってしまう。あわてた当局はさまざまな措置を打ち出すが、そのなかでも注目されるのは、①五月二一日に出した「国有企業と上場企業が投機的な株式売買を行うのを禁止する」との通達、②六月五日に出した「銀行資金が株式市場に流入するのを禁止する」との通達——の二つである。

いま国有企業は多くが赤字に悩まされている。ところがなかには本業をほったらかして株式投資にのめり込む国有企業が少なくない。取引所に上場して株式発行で調達した資金は本来、生産に振り向けるべきだが、その資金を株式市場に投入して「株転がし」をするところも出てきている。こうした傾向に拍車をかけているのが銀行である。企業に貸し付けるだけでなく、なかには自分で投資信託業務や株式業務を始めたり、ノンバンクなどに融資したりする銀行もある。

いくつかの銀行が規則に違反したとしてやり玉にあがった。例えば深圳発展銀行は九六年三月から九七年四月までの一年間あまりに、三億元余りの資金を動かして、自社の株を直接転がしていたという。「商業銀行は株式業務に従事してはいけない」との規定に違反しただけでなく、「上場会社は自社の株を売買してはいけない」という規定にも違反している。

一言で言えば、まだ健全な株式市場が形成されていないということだ。もっとも日本でも総会屋と銀行、証券との癒着関係が発覚し、大きな社会問題になっている。とても日本の株式市場が健全とはいえない。株式市場に限っては日本をそのままモデルとするのではなく、バブル経済に陥った失敗の経験を「反面教師」として学び取ろうとしている。

国有企業の不良債権処理

国有企業の赤字は公表数字でも約四五%に達している。中国国務院発展研究センターの張承恵・マクロ部金融研究室副主任は「このほか約三〇%は潜在的赤字に陥っている」(14)と言う。合計すると、なんと七五%が実質的に赤字ということになる。

これら国有企業に存在する巨額の不良債権をどう処理すればよいか、極めて頭の痛い問題であるはずだ。しかし中国当局の不良債権処理についての見通しは、いまひとつ甘いといわざるをえない。「中国の資本市場を育て、そこから資金を取り込むことによって国有企業を活性化させていけば、不良債権はいずれなくなるはず」というのがいまの考え方である。これで処理できればそれに越したことはないが、果たしてどこまで資本市場を育てられるかは疑問である。特に海外からの資本調達はアジア通貨・金融危機の発生でより難しくなっている。

となると、知恵を絞って別の方法を考えねばならない。そうしないと、いつまでたっても不良債権がなくならないということになる。幸いといってはおかしいが、不良債権の処理問題では中国の身近に格好の学ぶべき相手がいる。もちろん日本である。

ひとつは不良債権の処理機関の設立である。中国でも日本に学んで同様な処理機関を設立し、公的資金を注入すべきだとの声が一部に出ている。しかしまだ当局が具体化するという動きはない。

もうひとつは債務を株式へ転換するやり方である。中国でも地方で一部実施しているケースがあるが、中央の許可は得ていないようだ。中国の法律では国有商業銀行は直接、企業に投資してはいけないことになっており、いまの段階では「違法」になってしまうからである。しかし不良債権処理の有力な方法のひとつであることは間違いないだけに、法律改正などで道を開いてやる必要があろう。

開発銀行・輸出入銀行　中国の改革・開放はこれまで各分野の自主性を発揮することに主眼が置かれて、特定の分野を優遇する政策はとってこなかった。しかし改革・開放が進むにつれてさまざまな矛盾点も表面化してきた。特定の分野をテコ入れすることによって矛盾点を解決する必要性が出てきた。いわゆる産業政策の必要性である。

ところが金融の面ではそうした政策的な融資を行う仕組みが不十分だった。そこで政策銀行を設立することになったが、その際参考にしたのが日本の「日本輸出入銀行」と「日本開発銀行」だった。

改革は二段階で進められた。まず一九七〇年代末から八〇年代前半にかけて、人民銀行から政策金融・商業銀行を行う国有専門銀行（中国人民建設銀行、中国銀行、中国農業銀行、中国工商銀行）を分離した。そして第二段階は政策金融と商業銀行の分離である。九四年になって中国国家開発銀行（中国人民建設銀行から分離）と中国輸出入銀行（中国銀行から分離）、中国農業発展銀行（中国農業銀行から分離）の三つの政策銀行を設立した。

三つの政策銀行のうち、中国輸出入銀行についてモデルとなった日本輸出入銀行との比較を試みてみよう。

中国輸出入銀行の主要任務は「国の産業政策と貿易政策を遂行することにある」とされている。具体的には、機械・電気製品とプラント設備などの資本財輸出拡大のために、政策金融を行う。九七年初めの段階で大連、上海、武漢、広州、西安の五カ所に駐在員事務所を持ち、八三カ国・地域の一一三の銀行とコルレス関係を結んでいる。

九七年初めに北京で「中国輸出入銀行北京地区取引先懇談会」なるものが開かれたが、その席で明らかにされた数字によると、中国輸出入銀行はこれまでに一〇〇近くの企業、二九〇件あまりのプロジェクトにサプライヤーズ・クレジットを供与、金額は二二四億元と五四〇〇万ドルにのぼっている。これらの資金で総額七二億六千万ドルにのぼる機械・電気製品の輸出が支援された。このなかには一七〇隻、計三〇〇万ドルの船舶および三四機の航空機と航空機部品が含まれており、衛星六個の打ち上げにも資金を提供したという。このほか合計九六件の輸出信用保険業務も処理している。

つまり中国輸出入銀行の業務は「輸出信用」が中心だということである。モデルとなった日本輸出入銀行でも設立当初は輸出信用が中心だった。ところがいまでは輸出信用はせいぜい全体の二割程度にしかすぎず、中心は海外投資金融やアンタイドローンに移っている。モデルにはなったが、内容的には一部しか取り入れていない。

海外投資金融やアンタイドローンをなぜやらないか。その理由は海外投資金融については中国銀行や国際信託投資公司が扱っているためと思われる。またアンタイドローンはいまの中国の現状ではさほど必要としていない。発展途上国への無償援助などは援助関係の機関が担当しており、中国輸出入銀行のつけ入るすきはない。それでも輸出促進は重要な課題であるだけに、「輸出信用」の機能のみでも中国輸出入銀行の役割は大きい。

地方銀行と合作銀行

中国には有力な非国有の商業銀行がいくつか存在する。例えば、交通銀行、中信実業銀行、光大銀行などである。九六年には中国民生銀行も発足している。

しかしいわゆる地方銀行には目立ったものがない。中国はこれから内陸部開発をより積極的に進めていかねばならないが、全国的かつ総合的な商業銀行が地方の比較的規模の小さい案件や特殊性のある案件にいちいち応えていくことはできない。やはり地方銀行に任せるしかない。

そこで参考になったのが日本である。都市銀行と地方銀行のすみ分けをどのようにすればよいか、中国は日本のシステムをかなり研究した。そして一九八〇年代後半から地方銀行の設立に力を入れ始めた。例えば蛇口招商銀行（一九八五年）、深圳発展銀行（一九八七年）、広東発展銀行（一九八八年）、浦東発展銀行（一九九三年）、煙台住宅貯蓄銀行（一九九四年）などである。経済特別区だけでなく、最近は煙台といった地方都市にまで広がってきている。しかも住宅貯蓄に限定し、得意分野を手がけるやり方が見られるようになってきた。

地方では古くから「信用合作社」が役割を発揮してきた。農村では「農村信用合作社」、都市

中国の金融体系

中央銀行			中国人民銀行
銀行	政策銀行（3行）		中国国家開発銀行 中国輸出入銀行 中国農業発展銀行
	国有専門銀行（4行）		中国人民建設銀行 中国銀行 中国農業銀行 中国工商銀行
	商業銀行	全国・総合（5行）	交通銀行 中信実業銀行 光大銀行 華夏銀行 中国民生銀行
		地方・地域性（7行）	蛇口招商銀行 深圳発展銀行 広東発展銀行 浦東発展銀行 福建興業銀行 煙台住宅貯蓄銀行 蚌埠住宅貯蓄銀行
	外資系（399支店・事務所）		
非銀行金融機関	金融信託投資公司（386公司）		中国国際信託投資公司など
	信用合作社	農村5万3,000社 都市　　4,000社	
	保険公司（3社）		中国人民保険公司 中国平安保険公司 太平洋保険公司
	証券公司（87社）		南方証券公司など
	ファイナンスカンパニー（29社）		

注：日本銀行調べ（1996年3月現在、ただし外銀は1995年12月、非銀行金融機関は1995年1月現在）

中国の金融制度改革の歩み

1993.11	第14期第3回党中央委員会全体会議において、中央銀行の機能強化、政策金融と商業金融の分離などを決定
1994.1	人民元レートの一本化
1994.4	中国輸出入銀行を設立
1994.4	全国12都市を結ぶ銀行間外為市場の創設
1995.3	「人民銀行法」施行
1995.4	北京での外資系銀行の支店開設を初めて認可
1995.6	「保険法」施行
1995.7	「商業銀行法」施行
1995.10	「担保法」施行
1996.1	全国35都市を結ぶインターバンク市場創設
1996.1	「手形法」施行
1996.4	人民銀行、公開市場操作を開始
1996.4	「外国為替管理条例」施行
1997.1	IMF 8条国への移行
1997.3	上海・浦東の一部外銀が人民元業務を開始
1998.3	国有商業銀行の融資限度額を廃止

部では「都市信用合作社」と呼ばれている。日本でいえば信用金庫のようなものである。しかしあまりに規模が小さすぎて、経済の発展に追いついていけない。しかも不良債権を抱え込んで経営不振に陥っているところが少なくない。

そこで政府は最近になって小規模な信用合作社を統合して「農村合作銀行」、「都市合作銀行」をそれぞれ作るように指導している。これも日本の信用金庫の役割に学んだものである。

3 なお有効な「日本モデル」

中途半端な学び方

中国は改革・開放政策によって中国独自の社会主義市場経済を確立すると常日頃、強調している。しかし改革・開放をどこまで進めるかについては改革・開放政策がスタートした時点から議論が絶えなかった。

この一、二年は国有企業の改革をどのように進めるか、という点に論争が集中している。とりわけ大中型国有企業への株式制導入に関しては激論が噴出した。九七年秋の第一五回共産党大会で「積極導入」の方向が打ち出されたが、完全に決着したとは言い難い。一方、改革・開放政策のもうひとつの柱であるマクロコントロールのやり方についてもなお見解の相違は残っている。

さまざまな論争では、改革積極派がやや優勢だが、改革に消極的な勢力の発言力も依然として侮りがたい。国有企業改革では、社会主義の基盤としての国有企業を守りたいために、どうしても思い切った手を打てないのが現状である。マクロコントロールについても前項でみてきたように、中央政府の指導力や決定権の確保を優先してしまい、柔軟性のあるシステムを構築できずにいる。

中国は戦後日本の経済発展を築いてきた「日本モデル」から多くを学んだ。しかし実際にはそっくりそのまま導入したわけではなく、「日本モデル」の都合の良い部分を取り入れただけといって過言でない。通貨政策委員会がその典型である。その結果、中国の市場経済化は「日本モデル」よりも中央集権の色彩が強く、改革・開放の程度はなお低い水準にとどまっている。

旧型の「日本モデル」が最適だ

しかも中国が学んだ「日本モデル」はいまや日本では批判の対象になっており、旧モデルになりつつある。代わって金融ビッグ・バンなどによって新しい「日本モデル」への脱皮に迫られている。

中国は「日本モデル」の陳腐化をきらって、米国などに新しいモデルを見つけようとし始めている。確かに部分的には米国のシステムを中国に取り入れるのも可能であろう。例えば会計制度では米国の専門家を人民銀行、中国銀行の会計顧問にしたりしている。中国は九六年にＢＩＳ（国際決済銀行）に加入したが、その会計方法は欧米型を取り入れている。

九八年には中国の税務政策の分析プロジェクトに世界的な会計事務所であるＤＴＴ（デロイト・トウシュ・トーマツ）が選ばれた。同プロジェクトは世界銀行が進めている「財務セクター技術支援」の一環として行われるもので、二年間にわたって各種プロジェクトチームを派遣し、中国の税制全般について政策提言することになっている。

もっともＤＴＴは本部は米国にあるが、実際には米日欧の有力会計士事務所の連合体である。日本からは「監査法人トーマツ」が加わっている。今回のプロジェクトでも実際の交渉は「監査法人トーマツ」が中心になって進めた。当初は米系のアーンスト＆ヤングが優勢とみられていたが、結局ＤＴＴが単独で受注した。ＤＴＴはこれまでにも中国との長い付き合いがあり、日本の税制や会計士制度の中国への導入に力を入れてきた。そうした実績が評価されたものといえよう。

中国としても、欧米型なら何でもかまわず取り入れるというわけにはいかない。欧米型はあまりに市場機能を重視しすぎており、そのまま導入すると中央政府のコントロールが効かなくなる恐れがある。

結局、いまの中国で目指すべき方向は旧型の「日本モデル」ではなかろうか。中国が最初に日本モデルに目をつけたのは正しかった。ところがその旧型ですら、十分に取り入れたとはいえない。中国型に変形させてしまった。

中国は旧型の「日本モデル」の完全消化を心掛けるべきである。旧型でも完全消化すれば、いまの中国経済のシステムを十分に活性化できる。中国にとって旧「日本モデル」はまだ有効だと結論づけることができる。もちろん、旧「日本モデル」から生じやすい腐敗や汚職の構造については、それなりに歯止めの機能を追加しなければならない。それに「日本モデル」をそのまま模倣すればよいわけではない。ある程度は中国流に工夫する必要がある。だが基本的には旧「日本モデル」に近いシステムを目指すべきである。旧「日本モデル」が色あせ始めていてもかまわない。中国に有効であれば、導入をためらうべきではない。導入によって新たな「チャイニーズ・スタンダード」を確立できれば、国際経済システムからそれほど厳しくはねつけられることもなくなろう。

DTTが受注した中国の税務政策プログラム

1．事業体の調査とシステム開発
先進各国の税務政策技術・手法を参考とし、企業に関する中国政府の税務政策分析能力の向上をはかる
2．世帯支出調査
世帯別所得の源泉・構造に関する信頼のおけるデータの構築、およびそれに関するソフトウェア・分類システムの開発
3．付加価値税
中国の付加価値税制度に関する組織的な研究、および現行制度の問題点解決のための支援
4．所得税
現行所得税制度における問題の解決、および所得税制度の変更が経済効率性・富の分配に与える影響の分析
5．社会保障税
社会保障制度の組織的な研究、社会保障税の実現性の研究、および中国の状況にあった形での施行プランの計画
6．地方税
中国の地方税に関する組織的な研究と計画
7．税務政策管理制度
税務政策管理制度に関する理想的な長期モデル、および税務行政に関する短期的な政策の構築
8．環境および資源税
環境の向上・原材料の効率的な利用を可能にする環境税・資源税の政策的骨組みの構築
9．担税力の見積もり
政府の年間予算立案の基になる科学的根拠を構築するための方法論の確立
10．法人税
外資系企業と国内企業との間の法人税の格差解消、中国の市場経済に見合った形での法人税法改革に関する指針

出所：監査法人トーマツ

第2章　国有企業は世界に通用するか

第1節　巨大国有企業を作り出す

1 「フォーチュン五〇〇社」への挑戦

四川長虹など八社に可能性　中国では最近、米『フォーチュン』誌が毎年発表している「世界企業ランキング五〇〇社」への関心が異常と思えるほど高い。例えば『経済日報』[15]は「われわれは世界クラスの大企業を必要とする」という論文で、「中国のGNPは世界七位、貿易は世界一一位なのに、『フォーチュン五〇〇社』にはたったの三社しか入っていない」と現状をぶちまけている。しかもいま入っている三社は中国銀行（一九九七年度で一七三位）、中国糧油輸出入総公司（同二一三位）、中国化工輸出入総公司（同三〇九位）で、製造業は皆無である。「中国は鉄鋼、石炭、セメント、テレビ、自転車の生産が世界一を誇っているのに、『フォーチュン五〇〇社』には一社も入っていない」と歯ぎしりしている。

中国が世界に打って出るには、何といっても国際競争力のある、世界でも名の知れた巨大企業を先頭に立てていかねばならない。いかにしてそうした企業を作り上げるかが「海の大国」になるための不可欠の条件となる。

そこで二一世紀のできるだけ早い段階で、いかに多くの中国企業を「フォーチュン五〇〇社」入りさせるかが、中国の威信を懸けた大きな目標として浮上してくる。先の『経済日報』論文は「世界クラスの大企業は一〇や二〇では多いとはいえない。五〇や一〇〇あればもっとよい」と煽り立てている。『人民日報』も「世界の五〇〇強との距離はいかに遠いか」と題した論文で、「二〇〇五年までに上海・宝山製鉄、上海石油化学、上海自動車の三つが入る可能性がある。さらに二〇〇五年以降には四川長虹、大慶油田、第一自動車、上海電気、海爾の五社にも可能性がある」と夢を膨らませている(16)。これらの八社はいずれも中国を代表する製造業である。とりわけ上海自動車、四川長虹、第一自動車、海爾といったところは最近、成長著しいホープ企業である。

国家軽工業局も軽工業分野に限った候補企業を六八社も選定した（別表）。国際市場でも家電やビールなど軽工業分野の競争がとりわけ激しいことを意識して、いち早く企業選びに乗り出したのであろう。トップには海爾が名乗りをあげ、続いて広東科竜が第二位にランクされている。

軽工業分野の主な候補企業

1	海爾
2	広東科竜
3	抗州金松
4	河南新飛
5	合肥美菱
6	長峰
7	中国雪拒
8	上海上菱
9	浙江華日
10	青島澳柯玛
11	春蘭
12	珠海格力
13	広東美的
14	広東格蘭仕
15	無錫小天鵝
16	山東小鴨
17	合肥栄事達
18	中山威力
19	金羚
20	江蘇春花

注：候補企業68社のうちのトップ20社
出所：『中国軽工報』1998年7月1日付け

これらの企業には特別の支援が与えられるという。しかし上位二〇社をみても、国際的に名の知れた企業は皆無に近い。せいぜい海爾、広東科竜あたりが「知る人ぞ知る」といった程度である。いかに前途遼遠ということか。

ランキング入りしていない「不適格企業」　製造業以外では、五〇〇社入りしている三社のほかにも、規模の大きな企業がいくつかある。銀行関係でいえば、「フォーチュン五〇〇社」には中国銀行しか入っていないが、工商銀行、人民建設銀行、農業銀行の三行も中国銀行と売上額ではそれほどの差はない。企業形態も一応、商業銀行（国有）に分類されている。ただこれらの銀行はまだ財務指標などが十分に公開されておらず、『フォーチュン』誌の側も「政府系企業」と判断しているようだ。

貿易総公司でも中国化工輸出入総公司（一九九六年の売上が約一七九億ドル）、中国糧油輸出入総公司（一九九六年の売上が約一一九億ドル）のほかに、石油化学総公司（一九九六年の売上が約二六九億ドル）、中国石油天然ガス総公司（一九九六年の売上が約一七二億ドル）がある。しかしやはり同じ理由からランキングには入っていない。

もっともこれらの「不適格企業」も今後、企業の制度改革を行い、市場経済化してくれれば、『フォーチュン』誌も「有資格」企業として認めざるをえなくなろう。そうなれば、一挙に「フォーチュン五〇〇社」入りが増えることになる。

急ぎすぎはかえって危険

候補に挙げられている各社は、いまや必死である。なんとしてでも今後五年から一〇年以内に「フォーチュン五〇〇社」入りを果たさねばならない。それは一企業としての経営目標というだけでなく、一二億人の国民からの大きな期待でもある。

しかし「売上額」だけを伸ばせばよいというのは危険な発想である。候補各社のなかには、五〇〇社入りを実現するために、企業連合や合併といった安易なやり方で企業の規模拡大を実現しようとする動きがみられる。

もちろん企業連合や合併もやり方によっては企業の資金力をつけ、経営の幅を広げることもできる。「上海・宝山製鉄は北京、蘇州、常州の企業数社を合併し、経営効率を二倍、販売収入を三倍に増やした。赤字が六億元にのぼっていた河南舞陽製鉄は、邯鄲製鉄に合併され、五カ月後には黒字に転換した」[17]といった報告はそうした類の規模拡大であろう。

「フォーチュン五〇〇社」の候補企業

	売上
500社最下位企業	91.7
上海自動車	79.0
宝山製鉄	55.4
東聯集団	48.2
大慶油田	47.6
上海電気	42.7
第一自動車	38.2
上海石油化学	30.1
四川長虹	14.5
海爾	7.5

単位：億ドル
出所：『人民日報』1998年3月2日付け

だが採算の良くない企業を抱え込んだり、本体とあまり関連のない業種に手を出したりすれば、かえって経営内容を悪化させてしまう。企業の強さはなにも売上額だけが指標になるわけではない。問題は経営の中身である。技術や人材、管理がしっかりしたものでなければ、十分な利益もあげられない。

それにあまりに五〇〇社入りを急ぎすぎることも問題である。四川長虹や海爾といった企業はこのところ売上を年に五〇%から一〇〇%も増やすほどの急成長を遂げている。しかしこうした企業は勢いはあるものの、技術開発や人材育成など企業の基礎体力という点ではまだまだ未熟といわざるをえない。それにいつまでも高成長が続くわけではない。

『人民日報』は「世界五〇〇強とわれわれとの距離はいかに遠いか」と題した論文のなかで、目標達成のためには政府の支援が大切であると強調している。実際に政府は五〇〇社入りが期待される六社の企業を特にピックアップし、技術開発を支援することを決めている。[18] 具体的には『人民日報』の候補リストにも載っている宝山製鉄、海爾、四川長虹の三社、それに北大方正、華北製薬、江南造船の合計六社である。政府はこの合計六社に対して、年間二千万元を下らない技術開発資金を供与するという。

確かに世界の大企業は売上の五%から一〇%を研究開発費に回しているところが多い。これに対して中国では平均すると一%にも満たないのが現状である。世界に打って出るには、どうしても政府の後押しが必要になる。それこそが中国型の特色ある企業発展ともいえる。

だがあまりに政府に依存しすぎれば、企業の独自性が失われる。やはり企業が自分の努力で「フォーチュン五〇〇社」入りを目指すのでなければ、本当の強さとはいえない。一時的には五〇〇社に入ったとしても、長続きしないであろう。

「フォーチュン五〇〇社入りを目指せ」とのスローガンはわかりやすくていい。しかしあくまでもスローガンであり、あまり何社入ったか、一喜一憂するのは考えものである。大切なのは、本当の意味で実力の備わった国際競争力のある巨大企業をいかに多く、育てていくかという点につきる。

2　「外向型企業」への転換

海外企業進出にも積極的に　「フォーチュン五〇〇社」に入るような巨大企業であれば、国際化も進んでいなければなるまい。国内市場だけではなく、海外にも積極的に出ていかねばならない。貿易だけでなく、海外に投資し、さらには海外で企業を興す積極性がなければなるまい。多国籍企業といえるほどではないにしても、十分に「外向型企業」でなければならない。こうした企業を多く輩出させなければ、「海の大国」にはなりえない。中国経済が真に国際化したともいえない。

これまでの対外開放は、外国からの資金、技術、管理方法の導入が中心だった。しかしこれからは中国企業やあるいは中国の人材、資本が積極的に海外に出ていって、中国の優位性を発揮しなければならない。ただ単に「海外からの導入」だけでなく、それを「海外への進出」とうまく結びつけていかねばならない。「海外からの導入」と「海外への進出」のどちらかひとつが欠けてもいけない。あくまでもセットとして組み合わせていく。それが第二段階に突入した対外開放政策の目指すべき方向である。

中国の海外展開でこれまで目立ったのは、「海外建設事業の請負と役務サービスの提供」である。改革・開放が始まる少し前からスタートし、年々増えていった。九六年では七六億ドルに達していて、貴重な外貨源となっている。

企業による海外直接投資は一九八〇年代には年間投資額が一〇億ドル未満だったが、それでも九〇年代に入ってから少しずつ増えてきた。年間二〇億ドルから四〇億ドルに膨らんでいる。中国の海外からの直接投資（実行ベース）と比べると、約十分の一にすぎないが、途上国としてはそれなりの水準ではある。

しかしこれまでは海外に投資するといっても、さまざまな制限があって簡単には実現できなかった。一時、中国企業が香港を舞台に活発に動いたこともあったが、不祥事が起きたりして最近は下火になっている。

だが政府もこれからは、「制限」から「奨励」に方針を変えていく。力のある企業であれば、海外に積極的に打って出るのはなんらかまわないということになる。

国内の過剰設備のはけ口に

こうした政策変更の背景には、国内の設備過剰の存在がある。中国ではいま、操業率が五〇％以下の工業製品が五〇〇種近くにものぼっている[19]。カラーテレビはその典型であろう。こうした国内では生産過剰な業種であっても、海外では品不足に悩んでいるところが少なくない。国内では需要がなくとも、海外に出ていけば需要を見つけることができる。

中国が当面、ねらいを定めているのは、中東やアフリカ、ラテンアフリカといった地域である。政府は「実力と基礎があり、輸出実績のある製造業は、アフリカ、ラテンアメリカといった条件のよい地域で、機械や服装関係の加工組立を設立し、わが国の輸出拡大にはずみをつけるように」と呼びかけている。[20]

これら諸国では日用品、軽紡産品、家電製品などのほとんどを輸入に頼っている。中国企業が現地に進出して工場を建てれば、大いに歓迎される。例えば家電製品では中国の技術はいまやかなりの水準に達している。しかも欧米などに比べれば低コストで生産できる。したがってこれら地域に進出していけば十分に競争できるし、採算にも合う。

政府の呼びかけもあってアフリカやラテンアメリカ向けの投資はここにきて増え始めている。例えば第一自動車、第二自動車、軽騎、嘉陵、洛拖、常柴、海爾、無錫小天鵝、河南新飛、広東科竜といった企業がこれらの地域に進出している。特に自動車や家電関係が多い。当局の統計によると、九八年上半期までにアフリカへの進出を認可した件数は三九五件、投資金額は四億ドルにのぼっている。うち二九六件（三億ドル）が製造業である。

このなかでも最近特に勢いのよいのは、海爾であろう。国内では冷蔵庫で約四割、洗濯機で三割強のシェアを誇っている。海外にも日本、フランス、米国などに輸出しており、高い評価を得ている。米『ウォールストリート・ジャーナル』紙も九七年一〇月に一面で大きく紹介しているほどだ。単に輸出だけでなく、ユーゴやフィリピンに現地工場を作る動きもみせている。

中国の海外への直接投資

1990	1991	1992	1993	1994	1995	1996
8.3	9.1	40.0	44.0	20.0	20.0	21.1

単位：億ドル
出所：『中国統計年鑑』

商社、銀行の後押しが不足　もっとも世界の多国籍企業に比べれば、中国の進出企業の規模はなお小さい。平均投資額はせいぜい一件当たり約一〇〇万ドル程度であろう。投資先もこれまでは香港・マカオが全体の約六割を占めていた。中国の企業はこれまで内向型の発展を遂げてきた。それだけに国際経営のノウハウがほとんどない。まだ国際化は始まったばかりである。進出先もアフリカや中東に増やすだけでは物足りない。アジアやさらには欧米、日本など先進諸国をも射程にとらえていかなければ、真の国際化とはいえない。

そのためには企業だけでは資金的に難しい場合が多い。やはり商社や銀行が後押ししていく必要がある。とりわけ、企業がまだ十分に育っていない段階では、手助けを求めざるをえない。

ところがいま中国でそうした機能を果たしているのは国際信託投資公司（ＣＩＴＩＣ）くらいなものである。もっともＣＩＴＩＣの九七年度の総収入は二九五億三四六三万元（約三五億ドル）と前年をやや下回った[21]。一時期に比べると、活動はそれほど活発とはいえない。

九七年度の報告書から主な海外での投資活動を拾ってみると、①香港子会社が香港中華電力の二〇％の株を取得、②オーストラリア子会社がカッパベラ（COPPABELLA）という露天掘り鉱山の一〇％の株を取得、③アジア衛星の株をさらに取得し二八・七三％に積み増す、④買収したニュージーランド林業公司の開発に着手、⑤米国の子会社がアラスカの森林を取得、⑥米国子会社の「中信米国鉄鋼公司」は五年連続で利益を計上――などである。資源・エネルギー関連がほとんどで、製造業は米国の鉄鋼会社だけである。

総合商社の代表格で「フォーチュン五〇〇社」にも入っている中国化工輸出入総公司は米国、香港、欧州などに拠点を持ち、海外での売上が全体の四割以上も占めている。[22] それだけ活発に国際展開しながら、営業内容は貿易がほとんどである。日本の商社とは機能が違うといってしまえばそれまでだが、今後はより多角的な展開が求められよう。

同じく「フォーチュン五〇〇社」に入っている中国銀行は傘下にいくつかの投資銀行を抱えているが、主な業務は証券投資などである。それでも香港では比較的活発に建設関係に対する投融資を行っている。九七年には合計一七項目、そのなかには香港新空港関連の融資も含まれている。[23] だが製造業への支援ではみるべきものがなく、また香港以外のよりグローバルな展開もまだ不十分である。

アジア通貨・金融危機は進出のチャンス　今回のアジア通貨・金融危機は多くの困難を関係諸国にもたらしているが、半面で絶好の進出の機会をも作り出している。韓国やインドネシアなどでは国際通貨基金（ＩＭＦ）からの緊急融資を受ける条件として資本自由化を断行しているからだ。これまで外国の企業の進出には厳しい規制が設けられていたが、一挙に緩和されてきて

中国国際信託投資公司の海外子会社

中国国際信託投資（香港集団）有限公司	香港における工業・金融・公共事業への投資など。香港の第二海底トンネル建設にも投資
西林公司（米国）	米ワシントン州の森林への投資。南米における業務も担当
中信カナダ公司	カナダ・セルガーのパルプ工場に投資
中信オーストラリア公司	ポートランドにあるアルミ工場に投資
中信ヨーロッパ有限公司	欧州での貿易・投資・開発など
中信米国鉄鋼公司	普通鋼板の製造など
中国国際信託投資（米国集団）有限公司	米国で展開しているプロジェクトの統括業務

出所：中国国際信託投資公司日本事務所

いる。例えば韓国は最近になって外国人の投資可能な業種の拡大、株式市場の開放、外国人の土地取得の自由化などを相次いで打ち出した。中国企業にとってもこれら諸国への進出の可能性は十分にある。

九七年春には中国の企業が日本の宮越商事の筆頭株主になったとのニュースが流れた。宮越商事は深圳に工場を保有するなど中国でも事業を展開しているが、最近業績悪化が目立っていた。その間隙を縫って「青島四方電子商城実業公司」というところが株式取得に動いたようだ。もっとも、宮越商事側は一貫して株式取得の事実を否定、結局うやむやに終わってしまった。

しかし今後はこの種の話が増えてくる可能性が強い。日本の株価や土地価格が下がっているので、中国企業にとっても十分手の届くところに近づいてきているからだ。

3　なぜ国有企業なのか

「外向型企業」の条件

これから中国企業が海外進出を本格化させ、「外向型企業」となっていくには、まず企業の体力をつけていかねばならない。しかし企業といっても、中国にはさまざまな形態の企業がある。最近成長の著しい外資系や私営企業もあれば、郷鎮企業もある。中国社会主義経済をこれまで支えてきた国有企業もある。一体、どの形態の企業に今後の中国経済を託していけばよいのか。「海の大国」を目指すための中核となる部隊はどの形態の企業なのか。

そのためにはいくつかの条件がある。まず第一に国際競争力があること。第二に企業規模が十分に大きいこと。国際競争力があっても、企業規模が小さければ「フォーチュン五〇〇社」入りを果たすことはできない。第三に中国政府がある程度のにらみを効かせられる企業でなければ、国の将来は任せられない。これらの条件を満たしうるのはどの形態の企業か。

特に重要なのは第三の点である。第1章で指摘したように、裸のままで大海に泳ぎ出れば、米国などとまともに衝突してしまう。発展途上国の中国がこれから国際経済に打って出るには、それなりの防備が必要である。あまりにぶ厚い不細工な防備では嫌われてしまうが、それなりに洗練された中国型の防備であれば国際経済もいやとはいえない。

勢い失う郷鎮企業　まず郷鎮企業だが、確かに郷鎮企業は改革・開放の過程で外資系企業とともに車の両輪となって発展を支えてきた。ところが最近では一時の勢いはすっかりなくなっている。

一九九七年は全国の郷鎮企業の赤字額がなんと八〇六億元にまで達した。二年前の九五年に比べると、七〇％もの増加である。[24]製品の売れ行きも悪く、在庫は四千億元を超えている。

郷鎮企業といっても形態はさまざまだが、特に最近、経営悪化が目立つのは、①私有制（個人企業・私営企業）よりも集団制の郷鎮企業、②規模の小さな郷鎮企業、③業種では冶金関係、④改革を怠っている郷鎮企業——といった傾向が出ている。

要するにこれまでは勢いに乗って郷鎮企業であれば例外なく発展できた。ところがまず第一に政府が郷鎮企業に与えていた税など各種の優遇措置を取り外し始めた。しかも経済は引き締め過程に入り、供給過剰があちこちで目立ち始める。

そうなると、弱小の郷鎮企業は苦しくなってくる。いい加減な資産管理や経営をやってきたところも立ち行かなくなってしまう。もともと郷鎮企業は人材も豊富とはいえず、技術水準も高くはない。そうした欠点が一挙に噴出してしまう。

郷鎮企業のモデル地区として名声を博した「蘇南地区」も例外ではない。九六年以降、売上は減少に転じ、蘇州と常州の両市では郷鎮企業の利益がマイナスに転じてしまった。[25]各種テコ入れによって再生を図っているが、とても大きな期待は掛けられそうにない。

もちろんなかにはしっかりとした経営をやっていて、競争力もそれなりについてきた郷鎮企業もあるが、海外展開の中核部隊にはとてもなりえない。それにあまりに地方に拡散しすぎていて中央政府のにらみも効かせない。どうみても不適格である。

次に私有制企業、なかでも従業員が八人以上の私営企業は確かに有望である。競争力もあるし、なかには国有企業に負けないほどの規模を持つところも出始めている。五年、一〇年後には「フォーチュン五〇〇社」入りを果たす企業が出てきてもおかしくはない。だが肝心の中央政府のコントロールが効くかという点では、大いに問題がある。意外性はあっても中軸を打てるバッターとは言い難い。

外資は〝もろ刃の剣〟

さて問題は外資系企業だが、これは〝もろ刃の剣〟の性格を持っている。中国が経済発展していくうえでは外資系企業の役割は欠かせないが、一歩間違えば外資側に主導権を奪われてしまう。

外資系企業をどのように位置づければよいか、中国国内でもさまざまな議論が展開されてきた。マスコミや研究者だけでなく、最近は政府部内からも現状に対する厳しい認識が出始めている。例えば中国国家発展計画委員会の王允貴氏は時事週刊誌『瞭望』への寄稿のなかで、「外国資本の過度の導入は国家の安全を脅かす」と警告している[26]。王氏は現に外資に飲み込まれかかっている業種として洗剤、飲料水（ソフトドリンク）、携帯電話、家電製品などを挙げている。なかでも洗剤については、米国、英国、ドイツなどの外資系の生産量が国内生産量の半分を超えたとし

中国における外国ブランドのシェア

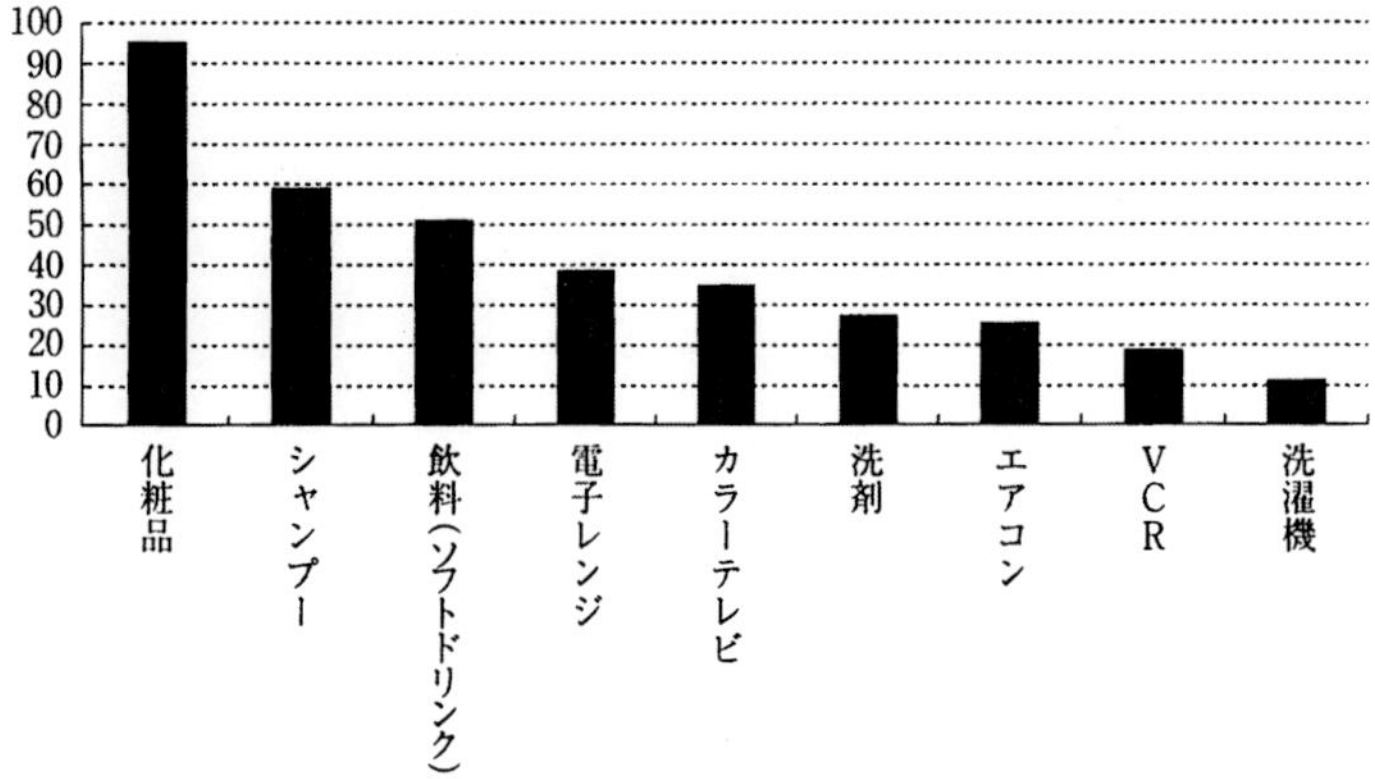

単位：％
出所：『中国経済』（ジェトロ）1998年8月号

て、警戒警報を発令している（別表の外国ブランドシェアでは二七・七%）。

王氏は現状を放置すれば国内企業を圧迫し、いずれは「（中国が）大国の付属物、植民地に陥り、国家の経済上の安全確保どころか、政治的独立まで危機にさらされかねない」と指摘している。

難しい外資政策の舵取り

この数年の動きをみると、外資政策のかじ取りの難しさがうかがえる。基本的には外資系企業に与えていた過度の優遇措置を是正し、国内企業と同じ土俵で競わせるという政策がとられている。増値税（付加価値税）については外資系企業からも徴収するというのが基本方針である。九七年春には外国企業に対して与えていた設備輸入の減免税措置を撤廃すると発表した。

ところがその後、海外からの直接投資が急減してくると、増値税について一部還付を認めたり、

海外からの直接投資（形態別、契約ベース）推移

	合弁	合作	独資	資源合作開発	株式制経営
1986	13.7	13.5	0.2	0.8	—
1987	19.5	12.8	4.7	0.1	—
1988	31.3	16.2	4.8	0.5	—
1989	26.5	10.8	16.5	2.0	—
1990	27.0	12.5	22.4	1.9	—
1991	60.8	21.3	36.6	0.9	—
1992	291.2	132.5	156.9	0.4	—
1993	551.7	104.4	189.7	0.1	—
1994	401.9	203.0	219.5	2.4	—
1995	397.4	178.2	336.5	0.5	—
1996	318.7	142.9	268.1	2.9	—
1997	207.2	120.6	176.5	4.0	1.5

単位：億ドル
出所：対外貿易経済合作部

また設備輸入減免税措置は九八年になって再び復活させると発表するなど、混乱している。

しかしかつてのように外資ならなんでも歓迎という時代でないことは明らかだ。九八年一月から実施となった「外国企業投資産業指導リスト」（一九九五年六月制定）の改訂版をみると、当局の苦心の跡がにじみ出ている。

改訂版リストは、三二九項目の産業について「奨励」「制限（甲）」「制限（乙）」「禁止」の四つに分けてそれぞれ指導内容を書き込んでいる。その内容を三年前の最初のリストと比較すると、「奨励」が一五項目増え、「制限」の四項目増加を上回っている。この数だけみると、規制が緩和されたかに思える。

だが個々の内容をみていくと、むしろ規制はじわじわと強まっている。例えば、①エチレン、航空機エンジン設計・製造、習慣性麻酔薬品・精神薬品生産などで「中国側が株式を支配するか主導的地位を占める」との制限が加わった、②ポリエステルなどで「外資単独出資は認めない」との制限がついた、③紙パルプ、エチレン、大規模集積回路生産などでは一定以上の生産規模の制限が加わった、④セメント生産ラインなどでは「中西部のみ」といった地域制限がついた——などである。

独資よりも合弁の形態を

もっとも外資系企業といっても形態は「合弁企業」「合作企業」「独資企業」「資源合作開発」「株式制経営」に分かれる。対外開放が始まった頃からの海外からの直接投資の数字（契約ベース）を振り返ってみると、当初は合弁企業と合作企業がほぼ半分ずつを占めている。そのうち合弁企業の比重が増え始め、八〇年代末には全体のほぼ半分になっている。ところが九〇年代に入ると独資企業が徐々に増え始め、最近では合弁企業とほとんど肩を並べるようになってきている。

外資側からみれば、合弁よりも独資の方が経営の主導権を握りやすい。組合のトラブルなどは合弁形態の方が処理しやすい面もあるが、そのかわり人事や経理などで中国側の意見を聞かねばならない。一方、中国側からみれば合弁企業の方がコントロールしやすいが、といってあまり合弁企業にこだわりすぎれば、先端産業などでは外資がなかなか中国に入ってこなくなる。

したがって中国の外資政策は、①どうしても外資の手助けを必要とする業種については導入を奨励する、②その場合でも、できることなら独資企業よりも合弁企業の形態にする、③やむをえない場合には独資の形態も認める、④しかし独資に対しては国内企業の発展の芽を摘まないよう

外資政策の変遷

年	外資導入促進の動き	外資導入後退の動き
1978	12　改革・開放を本格的に展開	
1979	6　合弁法の制定	2　2年間を調整・整頓の時期に
1980	3　深圳など経済特別区を設立	11　宝山製鉄第二期工事を延期
1982	9　工農業生産額の4倍増計画	
1984	4　都市経済改革の実施を決定	
1985	6　人民公社の解体完了	
1986		9　精神文明に関する決議
1987	10　「社会主義の初級段階」と規定	1　胡耀邦総書記が失脚
1988		9　経済調整政策に転換
1989		6　天安門事件発生・趙紫陽総書記失脚
1991	1　鄧小平氏の「南方講話」	
1992	10　社会主義市場経済への転換	
1993	11　新たな改革・開放策を決定	
1994		8　増値税の還付取り消し問題
1995		6　外国企業投資産業指導リスト
1997	10　株式制の全面導入を決定	4　設備輸入減免税措置の撤廃
1998	1　設備輸入減免税措置を復活 3　朱鎔基氏が首相に就任	1　外国企業投資産業指導リスト（改訂版）

に、注意深く規制していく——といった複雑で微妙なバランスを要するものとなる。最近になって独資が次第に台頭してきたのは、中国政府からすると、あまり歓迎できない。といって、排除するわけにもいかない。

　中国政府が独資を真正面から否定しているわけではないが、独資よりも合弁を歓迎する傾向は次第に顕著になってきている。一九九七年九月の第一五回共産党大会の冒頭に江沢民総書記が行った政治報告のなかには、「公有制経済の意味を全面的に認識しなければならない。公有制経済には、国有経済と集団経済だけでなく、混合所有経済の中の国有要素と集団要素も含まれる」とのくだりがある。混合所有経済とはいうまでもなく合弁企業のことを指している。独資は混合所有経済ではない。

　江沢民総書記はそれ以上踏み込んで説明していないが、合弁企業も中国側の主導権が確保されれば、国有企業と並んで経済発展の主導的な役割を果たせるとの判断があるものと推察される。中国にとって独資は紛れもなく外資系企業だが、合弁企業は必ずしも外資系企業とみなくてもかまわない、ということである。

意外に小さい外資系の規模

　だが外資系企業の規模は意外に小さい。外資系企業の売上額トップ（一九九六～九七年度）は上海フォルクスワーゲンで、売上額は約二九億ドルでしかない。二位のモトローラ（中国）電子となると、約一九億ドルにまで落ちてしまう。中国国内企業のトップである中国銀行の二〇九億ドル（一九九七年「フォーチュン五〇〇」）に比べると、かなり

国内製造業の輸出額（1997年）

宝山製鉄	488
鞍鋼	245
鎮海煉油化工	232
株州冶煉	189
葫芦島亜鉛	136
中国北方工業深圳公司	131
雲南省紅塔輸出入公司	126
攀鋼	120
江南造船	117
上海服装	113

注：貿易公司など非製造業は含まず
単位：100万ドル
出所：『国際商報』1998年8月1日付け

外資系企業の輸出額(1996～97年度)

モトローラ（中国）電子	83
広東原子力発電	56
上海ジャスト―華海	43
中国国際海運コンテナ	40
シーゲート国際科技	40
キャノン珠海	36
東莞福安紡織印染	31
平朔アンティパオ炭鉱	30
福建大福投資	28
リコー（深圳）工業発展	28

単位：100万ドル
出所：『国際商報』1997年10月13日付け
（人民元表示を1ドル＝8.3元でドルに換算）

見劣りする。

輸出額で比べても別表（国内製造業は一九九七年、外資系企業は一九九六～九七年度）のように、外資系企業でトップのモトローラ（中国）電子は国内製造業トップの上海・宝山製鉄の五分の一でしかない。

これまで中国に進出した外資系企業は、どちらかというと世界のトップクラスというより、比較的下位の企業が多かった。しかも外資系はある特定の分野に限って進出していく。業容拡大には制限があるので、事業がうまくいっても合併や買収などで規模拡大を図るケースは限られている。

もっとも最近は米国の自動車ビッグスリーが中国に本格進出するなど、トップクラスの巨大企業の進出も増えている。いずれは国内製造業を追い抜くほどの外資系企業が出てくるかもしれない。中国に進出した外資系企業が「フォーチュン五〇〇社」に入っていくことも考えられないわけではない。

残るは国有企業のみ　以上みてきたように、非国有企業ではわずかに合弁企業に中国経済の海外展開を任せられる資質を見出すことができるが、それにも欠陥がある。規模がいまひとつ物足りない。それに中央政府のコントロールも独資よりはやりやすいといった程度でしかない。外資系企業という本質には変わりない。

そうなると、残るは国有企業である。規模は大きいし、人材、資金力も豊富である。だが既存の国有企業は、半分以上が赤字を抱えており、経営のやり方も遅れている。現代的な企業からは程遠く、とても中核企業にはなりえない。

そこで必要になってくるのが国有企業の改革である。改革の荒療治をすれば、なんとか中核企業として「フォーチュン五〇〇社」入りを目指す可能性も出てくる。断固たる改革を行うという条件付きで、国有企業に期待していくしかない。

国有企業を先頭に立てて海外展開を図る。これぞまさしく「チャイニーズ・スタンダード」が世界に通用するかの試金石となろう。

4　国有企業改革のねらい

世界に通用する国有企業　中国がいま進めようとしている国有企業の改革も目指すところは「世界に通用する国有企業」の育成である。国有工業企業は全国で約六万六千社（一九九八年六月現在）あるが、政府がこれらすべての国有企業の面倒をみていたのでは極めて効率が悪い。力が分散してしまう。そこでまず約五万二千社ある小型国有企業については、原則的に政府が面倒をみないようにする。とにかく合併、売却、合弁・合作、リース、請負経営、委託経営など何でもかまわないから大胆に改革し、自ら生きる道を見つけていくように指導する。

競争力のない小規模業種、例えばカメラ、羽毛（ダウン）加工、めがね、絹織物、自転車などからは国有企業は全面撤退すべきだとの意見も中国国内では出ている。(27)とにかく二四〇の小規模業種について国有企業の競争力を調べたところ、「非常に劣っている業種」がなんと一八七にも達したという。

残る大中型国有企業は約一万四千社あるが、これらについても整理淘汰を進めていく。将来性のあるところだけをピックアップし、徹底した改革や再編を通じて国際競争力のある企業に変えていく。だめなところは倒産もやむをえないという考え方である。おそらく最終的には数千程度に絞り込んでいくことになろう。六万六千社ではとても面倒をみきれないが、中核となる数千の国有企業に戦線縮小するということならば、面倒をみるにも効率がよい。(28)

すでに九四年ごろから改革実験が始まっているが、それを大別すると三項目に分かれる。すなわち、①資本構造最適化を進める実験都市、②国が集中的に取り組む重点企業、③企業グループの実験を進める企業――である。その数も九七年段階では、①が五八都市から一一一都市に、②が三〇〇社から五一二社に、③が五七社から一二〇社にそれぞれ範囲を拡大している。これら三項目の実験に参加している国有企業の資産、販売収入、税込み利益は全体の約七割を占めている

という。(29) 企業の数は少なくても、影響力は大きいということだ。(30)

特に②の五一二社が最も中核となる企業である。この五一二社だけで全国有企業の資産の約五五％を占めている。上納している利潤・税金に至っては全体の八五％にも達している。名簿のトップには上海自動車、さらに華東電力、大慶油田などが続いている。これら企業には証券市場上場の優先権など各種の優遇措置が与えられ、現代的な企業に生まれ変われるように国が後押しをしていく。

いま進めている国有企業の改革は、すべての国有企業の競争力を平等に高めるというものではない。可能性のある企業のみに重点を絞り、その企業について徹底的に競争力を高めていくというやり方である。

その典型的な例を「大連造船新工場」にみることができる。大連には「大連造船工場」が昔からあるが、図体ばかり大きくて生産性は低いし、とても国際競争力は持てない。そこで一九九〇年にタンカーなど競争力のある部門だけを分離し、「大連造船新工場」を設立した。日本の日立造船から技術協力を受けたが、れっきとした国有企業である。いまや中国を代表する造船所に育っている。しかし同工場ではさらに将来性のある海底油田の「石油掘削船」部門だけを切り離し、株式制の最新鋭企業にすることを検討中である。石油掘削船にはノルウェー、メキシコなど海外からもかなりの受注が期待できる。

このようにあたかも「とかげの尻尾切り」のごとく、不採算部門を切り離し、国際競争力のある企業を次々と作り出していく。元の企業は国内市場を中心に赤字さえ出さなければかまわない、という考え方である。

企業グループの形成も同様である。従来のままでは、規模が大きいだけで生産性は低く、とても国際競争力は持てない。そこで事業ごとに分離し、中核となる国有企業には持ち株会社に似た機能を持たせる。中核となる企業が傘下にいくつかの企業を抱える形にする。そうすれば競争力のある部分を分離、独立させることができる。その競争力のある部門に対しては株式制導入など徹底した改革を断行し、場合によっては外資との合弁企業にしてしまう。中核となる国有企業は株式所有でコントロールしていけばよい。

いま中国ではこうした各種の実験がいたるところで展開されている。うまくいけば、このなかから国際競争力を持った世界に通用する企業が生まれてこよう。

「下崗」制を導入

もっとも実際には改革は困難を極めている。九七年秋の党大会では「三年間で赤字の国有企業を苦境から脱出させる」との方針が打ち出されたが、九八年春の全国人民代表大会では「とりあえず紡績企業の改革にめどをつける」とやや後退した表現となっている。

その紡績業はどんな状況かというと、九三年から九七年まで業界全体で五年間連続の赤字を続けている。[31]九六年には赤字額が一〇六億元にも達している。九七年は多少減ったが、それでもまだ八〇億元もの赤字である。とにかく老朽工場が多いため、業界の平均負債率（資産に対する比率）は八二％とずば抜けて高い。人員も多く抱えている。しかも退職後も面倒をみなければならない。多くの工場で退職後も企業が面倒をみている労働者と現役の労働者の比率が一対一である。なかには二対一のところもある。生産能力も大幅に過剰である。綿紡績では一九九六年の生産能力は八二年比で二・一倍に増えたが、需要は一・三倍にしか増えていない。(32)

国有企業改革の最大の課題はいかにして余剰な労働力を整理し、労働生産性を高めるかにある。とにかく国有企業の従業員の一五％から二〇％は過剰といわれる。大連市では「国有企業三〇万人の従業員のうち、半分はいらない」（大連市経済研究センター、一九九八年一〇月）とため息をついていた。

この問題を処理するために「下崗」（レイオフ）と呼ばれる独自の政策を採用している。「下崗」の対象になった従業員は、職場は離れるが、まだ労働契約そのものは解除されない。会社は基本保証費として月に約二〇〇元を支給し、新しい職場のあっせん（これを「分流」という）もする。ただし猶予期間は三年間で、この間に新しい職を探せないと労働契約を解除され「失業」扱いになってしまう。従業員にとってはすぐには解雇されないが、大変厳しい制度であることには変わりない。例えば「撫順アルミ工場」では九四年段階で一万一千人の従業員がいたが、九八年秋の段階では八八〇〇人にまで減らしている。さらに最終的には七千人にまで減らす方針という。もっとも同工場の場合は「分流」（職場転換）することが出来ずに「失業」となる従業員はそれほど多くはない。

こうした国有企業の「下崗」従業員は九八年秋現在、全国で七一五万人にも達している（特に東北は一〇〇万人と多い)。数年後にはこれらの多くは新しい職を見つけられないと、失業者になってしまう。中国には九八年六月末で全国に五五〇万人の失業者がいる。「下崗」から「失業」への転換が増えれば、数年後には失業者は一千万人を超えてしまう可能性もある。流通・サービスなど第三次産業でどこまで「下崗」従業員を吸収できるかがカギとなる。

もうひとつの問題点は紡績業だけに限らずどの産業でも、退職した従業員の面倒を企業が死ぬまでみていることだ。平均すれば退職時の賃金の七割から八割は支給しなければならない。現役の従業員は整理できても、年老いた退職者を排除し、路頭に迷わせるわけにはいかない。「大連造船新工場」の場合でも、新工場をつくる際に旧工場の退職者の一部(約三千人)を引き連れて分かれている。この分だけ確実にコストアップとなってしまう。

こうした問題点はあるが、それでも国有の工業企業からすれば、余剰労働力の整理は生産性向上につながる。「下崗」の対象となる従業員は欠勤率が高かったり、まじめに働かないものが多い。企業側は優秀な従業員のみを選択できるわけだ。

だが国有企業全体の赤字はむしろ増えている。これは改革の途上ということもあるが、何といっても九七年七月に発生したアジア通貨・金融危機の影響が大きい(詳細は第3章第2節)。特に石炭、石油化学、石油天然ガスといった業界の赤字が深刻である。

以下では三つの典型的な業種を取り上げ、「世界に通用する国有企業」が生まれてくるかどうかを検証してみる。第一は国産企業が外資系を凌駕しつつある業種としてカラーテレビを取り上げる。第二は従来から国有企業が優勢だが、最近になって外資進出の目立つビール業界。そしてもうひとつは外資に完全に飲み込まれようとしている自動車業界である。いずれのケースでも外資を迎え撃つ中国側の企業は、ほとんどが国有企業であることに注目すべきである。

第2節　三つの典型的な業種

1　長虹が断然リードのカラーテレビ

生産台数は世界一　中国の一九九六年のカラーテレビ生産台数は二一〇九万台に達した。これは世界第一位である。しかも最近は国産メーカーの進出がめざましく、日本など外資系メーカーを凌ぐ勢いをみせている。

生産企業の上位一〇傑をみると、第一位は四川長虹で、生産台数は四八〇万台と断トツである。二位以下も康佳、熊猫など国産メーカーが並んでいる。外資系は日系の福日電視などごく一部である。

これだけの数字を並べてみると、中国の国産メーカーはいまや世界にも通用すると思ってしまうが、実際にはそうではない。「フォーチュン五〇〇社」には中国の製造業から一社も登場していない。競争力のなさは輸出にも現れている。九六年の中国のカラーテレビ輸出は五四〇万台と増えているが、国産メーカーのシェアはわずか二五%でしかない[33]。残りは外資系である。

中国の国産カラーテレビメーカーの実力はどの程度か。そして真に世界に通用する企業に育つにはどうしたらよいか。

設備過剰で価格値下げ競争

中国のカラーテレビ業界では、一九九六年春から価格値下げ競争が激化している。先頭を切ったのはトップメーカーの四川長虹である。特に大中型は下げ率が大きい。九五年七月と九七年七月の小売価格を比較してみると、二一インチ型で約三一%(三〇三七元から二〇八七元に)、二八インチ型で約三四%(八一二七元から五三七七元に)下げている。三四インチの大型では四八%(一万九三五五元から一万八三三元に)もの下げ率となっている[34]。

カラーテレビ主要生産企業(1996年)

	生産台数	販売台数
四川長虹	480.6	477.1
康佳	250.0	230.0
熊猫	170.7	172.9
TCL	148.8	147.1
天津通信	93.6	89.1
深圳華強	88.5	89.2
深圳創維—RGB	74.1	67.1
青島海信	56.7	57.1
厦門華橋	52.3	59.0
福日電視	50.6	48.4
10社合計	1,465.9	1,437.0

単位：万台
出所：『経済日報』1997年9月11日付け

社会主義市場経済が浸透してくれれば、価格競争は避けられない。また技術革新が進めば、製品コストは下がってくる。それに最近はカラーテレビの輸入関税も低くなってきている。輸入品価格が下がれば、国産カラーテレビも追随せざるをえない。こうしたいくつかの要因はあるが、それにしても三割から四割の下げ方は尋常ではない。

最大の要因はどうやら生産能力の過剰にあるようだ。九六年の生産台数は二一〇九万台だが、生産能力は四千万台もある。一九九五年のある統計によると[35]、生産能力の利用率はわずか四六・一％でしかない。生産能力は四五〇〇万台との説もあり、実態をつかみ切れていないのが現状だ。これでは価格が乱れるのも当たり前である。

しかも最近になって白黒テレビ、冷蔵庫、洗濯機などの「白物」を中心に生産していたメーカーがカラーテレビ業界に参入し始めている。一方、カラーテレビメーカーは逆に「白物」に手を伸ばすといった状況で、余計に競争が激化している。

輸出に活路は見い出せるか

国家計画委員会（当時）は九七年七月に出した「カラーテレビ産業投資指南」のなかで、「わが国のカラーテレビはすでに四千万台の生産能力を有している。ところが国内市場はすでに飽和状態にあり、生産能力過剰の状態にある。この問題を解決するカギは国際市場をさらに開拓することにある」と指摘している。中国の目が国内市場から国際市場に向き始めていることが、はっきりとみてとれる。

しかし冒頭にも述べたように、輸出はそう簡単ではない。国産メーカーの輸出は一三〇万台（全体の約二五％）でしかない。特に注目されるのはトップメーカーの四川長虹の輸出が九六年はほとんどゼロであることだ。「国内市場が活発なので、わざわざ国際市場に出ていく必要がない」、「先進国が関税障壁などを設け、輸出の邪魔をしている」と強がりをいう声も聞かれるが、最大の理由は「競争力がないので、出ていこうにも出ていけない」のが実態なのである。

国際競争力をつけるには

競争力をつけ、真に国際市場で通用する企業になるには、どうすればよいか。

まず第一に合併、併合などの手段によって企業規模を拡大する必要がある。中国のカラーテレビメーカーは一九九五年で九八社もある。九六年の数字をみても年産一〇〇万台を超えるメーカーは四社しかない。この四社の生産量を合計しても、全体の約四九％と半分に満たない。企業規模の拡大は四川長虹、康佳、熊猫といった上位企業もその例外ではない。四川長虹にしても国内では他を圧しているが、国際市場に出ると、明らかに見劣りがする。

四川長虹が安値競争を仕掛けたのも、業界の整理淘汰をねらってのことだ。弱小メーカーを追い落とし集約化を図らなければ、共倒れになってしまうからである。実際に四川長虹の戦略は奏功し、九六年以降の同社のシェアは上昇している。[36]

第二に技術革新をもっと積極的に進めることだ。中核となる部品を海外からの輸入に頼っているようでは、いつまでたっても国際競争力はつかない。四川長虹の倪潤峰董事長は「三四型はブラウン管を輸入しているが、二九型以下は国内で調達している。半導体は輸入している」と語っている。[37] カラーテレビの世界では次々と新しい技術が登場してくる。それに追いつけるだけの体制を確立していかねばならない。

また企業規模の拡大と技術革新の追求とは同時に進める必要がある。単に合併や併合によって企業規模を拡大しただけでは、国際競争力はつかない。技術革新が伴って初めて力を発揮できる。

反対に技術革新を進めるには、何といっても資本力がモノをいう。企業の規模が大きくないと、技術開発の体制も組めない。

もちろん国際市場で先進企業と互角に闘っていくには、このほかにも身につけるべき課題は多い。例えば「販売代理店」制の導入だ。中国の企業は例外なく生産メーカーが自分で販売も行っている。これではなかなか市場に食い込んでいけない。こうした国際市場では常識ともなっている制度を中国も積極的に取り入れていかねばならない。

また設備投資に必要な資金を海外から調達することも考えねばならない。例えば四川長虹は国内市場のA株に上場しているがB株はまだである。香港など海外の証券取引所への上場も検討していくべきだ。

四川長虹の「フォーチュン五〇〇社」入りはいつになるか

それでも「フォーチュン五〇〇社」に入るのは、並大抵ではない。四川長虹は九六年の売上が一二五億元だった。九七年は一八〇億元を目標にしている。さらに九九年には三〇〇億元に増やす計画を立てている。かりに三〇〇億元の売上が実現したとしても日本円換算で約四五〇〇億円である。日本の総合家電メーカー、例えば九七年の日立製作所に比べてみると、ざっと一〇分の一の規模である。もっとも日立製作所は業務範囲が広い。家電だけに絞ってみると、ほぼ同規模になる。

四川長虹は九六年に二三億元もの設備投資を行った。[38] この規模は過去一〇数年間の同社の技術改造投資の総和を上回っているという。これにより三年後には主力製品のカラーテレビの生産能力が現在の六〇〇万台から八〇〇万台に増え、世界でもトップクラスのカラーテレビメーカーになる。

だがそれだけでは五〇〇社入りは難しい。カラーテレビはすでに中国でも成熟産業である。カラーテレビ以外の分野にも積極的に進出していかねばなるまい。二三億元の投資の中にはVCDやエアコンの生産ラインも含まれている。しかしVCDもすでに各社の競争が激しく、カラーテレビと同様に過剰生産になっている。九七年秋に日本の東芝との間でデジタル・ビデオディスク（DVD）に関する技術提携を取り決めたのも[39]、さらに先を目指そうとの意欲の現れであろう。

いま中国のなかで四川長虹は「フォーチュン五〇〇社」入りが最も有望な企業には違いないが、その四川長虹にしても前途はなかなか多難である。

株主の四川長虹への疑問

『上海証券報』に「長虹はわれわれに自信を与えてほしい」という内容の読者からの投書が載った[40]。この読者は四川長虹の株を買っているのだが、同社の将来に強い不安を抱いているというのである。

株主がまず指摘しているのはカラーテレビの安値販売である。「四川長虹は九七年にすばらしい成績を収めた。二六億元もの利潤は上海や深圳に上場している企業のなかでも最高である。しかし四川長虹は九七年の当初計画で五二〇万台を生産・販売し、二六億元の利潤をあげるとの目標を立てた。確かに利潤は目標額を達成したが、九七年の四川長虹の生産高は六六六万台で、販売台数は六六〇万台だった。目標より一四〇万台も多いのに、利潤額は目標と同じだった。つまり一台当たりのもうけが少なくなっているということではないか」と手厳しい。

株主の疑問はこれだけではない。「四川長虹は『長虹以産業報国、民族昌盛為己任』（四川長虹は産業報国、民族繁栄を自分の務めとする）をキャッチフレーズにしているが、これでは消費者のことを考えた広告とはいえない」として広告のあり方に問題があると指摘している。もっと消費者に受け入れやすいような平易なキャッチフレーズに変えた方がよいというのである。確かに他の家電メーカーに比べると、長虹のキャッチフレーズは堅いイメージがつきまとっている。さらにこの株主は『四川長虹』という社名にまで異議を唱えている。確かに長虹の四川省内での販売台数は多いかもしれないが、少なくとも世界の五〇〇社のなかに入ろうとするならば、『四川』の二文字は不必要だと断じている。単に『長虹電器』とするか、あるいは『中国長虹』にしたらどうかと提案している。

株主は経営の多角化にも不安感を表している。長虹がコンピュータ部門にまで進出しようとしているのに対し「コンピュータ産業はリスクが大きい。発展の速度が極めて速く、われわれを待っていてはくれない。『聯想』などのコンピュータ企業に比べ、長虹はあまりに出足が遅れてしまっている」「しかもどのような形で進出するかがはっきりしない。部品生産でいくのか、それとも組み立てをやるのか、はっきりさせてほしい」と問題点を指摘している。最後に株主は人材育成にも触れている。「国内の大学・高専や研究所には多くの人材がいる。これらのところに奨学金を出すなどの手を打つべきだ」と人材をしっかりと摑む必要性を強調している。

株主のさまざまな疑問はまさにいま、四川長虹が国際的な企業になるために乗り越えていかねばならない諸課題ということができる。

2　危うし青島ビール

外資系が生産能力の二割に

改革・開放が始まったころ、中国の酒といえば、茅台酒か紹興酒の類に決まっていた。[41] ビールはもちろん売っていたが、味がいまひとつだった。気の抜けたビール、冷えてないビールを何度飲まされたことか。

中国の主要ビールメーカー

メーカー名（省名）		生産量（1997年）
北京燕京	（北京）	733
青島	（山東）	414
広東珠江	（広東）	350
沈陽華潤雪花	（遼寧）	297
重慶	（四川）	272
河南金星	（河南）	268
哈尓濱	（黒竜江）	252
武漢欧聯東西湖	（湖北）	247
銭江	（浙江）	235
宣化鐘楼	（河北）	229

単位：1,000トン
出所：ホームページ「中国啤酒网上行」
(http://www.beerchina.com)

ところが改革・開放が進み、一九九〇年代に入ってくると、様変わりになった。いまや気の抜けたビールや冷えてないビールは、少なくとも北京や上海など都心部ではまずお目にかかれない。人口が多いこともあって消費は急上昇し、九七年の生産量は一八〇〇万トンに達した。日本の倍以上である。世界でも米国に次いで堂々の二位につけている。近い将来、米国を抜いて世界一になるのも間違いない。

ビール業界も激変している。かつては地方に行くと、初めて聞くような銘柄のビールに必ずお目にかかった。

全国では約八〇〇社のビールメーカーがあった。このうち、全国ブランドとして知られているのは、青島ビールぐらいでしかなかった。

それが八〇年代後半頃になると、外国のビールが入り始める。この数年は特に活発である。例えば日本のメーカーでは、サントリーが八四年に現地ビールメーカーに資本参加したのが始まりだが、いまでは四大メーカーが勢揃いしている。最初は現地ビールメーカーの生産に協力する形をとっていたが、この数年は自社ブランドの生産に中心が移りつつある。

外資の参入によって生産能力も急拡大し、当然のことながら販売競争が激化する。約八〇〇社あったメーカー数も九七年には約五五〇社まで整理淘汰されてきた。[42] それでもまだ日本に比べれば、桁違いに多い。さらに整理淘汰が進んでいくに違いない。合併や買収の動きも活発化しよう。

とにかく九七年の数字をみても、年産二〇万トン以上のメーカーは一三社しかない。全国のビール製造量に占めるシェアも約二一%でしかない。一〇万トンから二〇万トンクラスは二八社で、シェアはやはり約二一%である。一〇万トン以上の合計四一社を合わせても半分にいかないということになる。

圧倒的多数は年産数万トン、あるいは一万トンにも満たない中小メーカーである。しかも競争激化で赤字に悩むメーカーが増えてきた。中小メーカーの約四割は赤字ともいわれている。例えば東北地方の五八社のビール会社のうち、年間利益が一千万元を超えたのはわずか四社しかない。欠損している企業は一九社にものぼっている。

整理淘汰が進むにつれて、外資の存在はいやがうえにも高まっていこう。燕京、青島、珠江、銭江の四メーカーは外資とも提携せず、がんばってきた。ところが最近になって青島が日本のアサヒビールと提携して深圳に新工場を作るなど、その一角も崩れ始めている。生き残るにはやはり外資との提携が不可欠になってくる。

いまでも年産五万トン以上の約六〇社のうち、約七割は外国と合弁事業などを手がける外資系となっている。もっとも統計でみると、全体の生産能力に占める外資系の割合はまだ、約二割にとどまっている。純粋に外国ブランドでみれば、せいぜい三％程度でしかない。

だがこれからさらに外資系の進出が増えることになれば、生産能力に占める割合は高まっていく。中国国内から「国産ビールが外資系に浸食される。黙ってみていてよいのか」といった声が高まってこよう。特に外国ブランドは一目みただけでわかるだけに、風当たりが強まっていくに違いない。

こうした激しい競争のなかで、国際競争力にも耐えられる国産メーカーを育てていくにはどうしたらよいか。朱鎔基時代になってから、国産メーカー育成のための新しい方針がビール業界でも出された。九六年半ばにまず、有力一〇社に対して減税、配当の免除、他企業買収の際の負債減額などの優遇措置をとることが決まった。九八年になるとその数はさらに絞られ、青島、燕京、珠江の三つのグループに集約していく方針が打ち出された。いかに競争が厳しいかを示すものといえる。

だが政府が必死になっててこ入れしても、そう簡単に外資に打ち勝てるだろうか。品質に劣る国産メーカーはなんとか安値販売で外資のシェア拡大を阻んでいるのが現状である。自動車業界ほど深刻ではないかもしれないが、ビール業界も大きな試練に立たされている。

日本勢はいずれも自社ブランド生産

日本のビールメーカーで最初に中国に進出したサントリーは香港を除く中国全土で四つの合弁事業を展開している。うちビール会社は「中国江蘇三得利食品」（江蘇省連雲港市）と「上海三得利啤酒」（上海市）の二つである。両工場ともに好調で、九七年には年産一〇万キロリットルにまで生産を増やしている。九八年に入ってから両工場ともに生産設備の増強をはかっており、年産二〇万キロリットルに引き上げる。

特に上海では九六年に自社ブランド「サントリー白」「サントリー金」を発売、一〇％のシェアを確保している。工場の増設によって二〇〇〇年にはシェア二〇％を狙うという。

キリンビールとアサヒビールも出遅れはしたが、この数年の拡大ぶりはめざましい。キリンは瀋陽と広東省珠海で展開している。これまでは瀋陽でしか自社ブランドを生産していなかったが、九七年末からは珠海でも開始した。南北の二拠点で年間一〇〇万ケース（一ケースは大瓶二〇本）以上の販売目標を立てている。

さらに九八年四月にはニュージーランド最大のビール会社、ライオン・ネイサン社の発行済み株式の四五％を取得した。同社が持っている蘇州と無錫の工場を活用し、いずれはキリンの自社ブランドを生産することになろう。キリンは沿海部に合計四つの拠点を持ったことになる。

アサヒビールの中国進出の歩み

1994.1	杭州、嘉興、泉州の3ビール会社の経営権を取得。3社合計の生産量は16万キロリットル
1994.9	杭州ビール会社で初の日中合作ビール「朝日啤酒」を発売
1995.12	北京、煙台の2ビール会社の経営権を取得。5社合計の生産量は51万8,000キロリットルに
1996.7	北京駐在員事務所を開設
1996.10	泉州、煙台の設備増強により、合計60万3,000キロリットルに
1997.9	中国全土を統括する「中国代表部」を新設
1997.12	青島ビールと合弁で深圳に新工場建設へ
1998.3	煙台で「アサヒスーパードライ」生産開始
1999春	深圳で生産開始（年産10万キロリットル）へ

出所：アサヒビール広報部

アサヒは四つのビール会社の五工場（杭州、泉州、北京、煙台、嘉興）に資本参加している。煙台では九八年春から「スーパードライ」の生産も開始している。五工場のなかではただ一カ所、業績不振が続いていた北京ビールに対しても総力をあげてテコ入れに入っている。

アサヒで注目されるのは何といっても青島ビールとの提携である。九九年には深圳に年産一〇万キロリットル（いずれは二〇万キロリットル）と中国で最大級の工場が生産を開始する。アサヒ傘下の全工場の生産量を合わせれば、燕京や青島と並ぶか、あるいはそれらを上回るトップクラスの規模になる。

サッポロビールは新疆でのホップ生産で実績をあげてきたが、ビールでも九六年に設立した江蘇省の合弁工場で生産を増やしている。九八年からはやはり自社ブランドの生産を開始している。

このように日本の四大メーカーの中国進出はここにきて急ピッチである。しかもいずれも現地ブランドから自社ブランドの生産に比重を移しつつある。中国市場で日本のビールの銘柄がずらりと並ぶ日も遠くない。

中国には日本以外にも欧米やアジアのビールメーカーが進出しているが、日本ほど動きは活発ではない。むしろフィリピンのサンミゲルやオーストラリアのフォスターズなど経営悪化に悩んでいるところが少なくない。

トップは国産の燕京ビール

中国メーカーのなかでは燕京ビールの健闘が光っている。九六年（年産五八万トン）から青島を追い抜いて生産量でトップに躍り出ている。九七年も七三万トンと生産量を増やし、青島との格差をさらに広げている。

燕京が発足したのは一九八〇年だが、北京では五星ビールと北京ビールが市場を押さえてきた。特に外国人の需要が期待できるホテルや商店などの「高級市場」は燕京のつけ入る隙が全くなかった。そこで燕京が考えたのは一般市民相手の「中低級市場」の開発だった。「安く、しかも大量に」をモットーに、街の隅々にまで販売攻勢をかけていった。特に威力を発揮したのが個人経営の卸売商店だった(43)。

こうして「中低級市場」でしっかりと顧客をつかみ、さらに「高級市場」にも食い込んでいった。北京でのシェアは八〇％にも達している。北京だけでなく、全国にも販売網を広げ、いまや全国的なブランドにランクアップされようとしている。

銭江ビール（浙江省）も外国の支援を受けずに、独自の道を歩んでいる。同社も一時は外資との提携の道を選ぶか、それとも独自の道を歩むか、迷ったことがあったという。同社にも米国、フランス、日本から有名なビールメーカーが提携を申し入れてきたからだ。しかし同社は、①ブランド名を変えない、②資本の過半は中国側が握る、③相手国での販売の権利を確保——という厳しい条件を提示し、誘惑に乗らなかった(44)。

合併によって規模拡大をはかるメーカーも出てきた。中国南西部の藍剣集団（四川省）と成都ビール集団（四川省）がその典型である(45)。九八年六月に共同で新会社を設立し、「成都ビール公司」と名を改めた。九七年の生産量でみると、藍剣集団は一五位、成都ビール集団は四一位である。それが合併によって年間生産能力が約八〇万トン、一挙に燕京、青島と肩を並べるトップクラスのメーカーにのし上がってきた。

外資依存の青島ビール

国外でも知られる青島ビールは独自な道を歩んできたが、ここにきて方針を転換している。いまのままではじり貧状態になり、世界に通用する企業にもなれないとの焦りがあったからであろう。

青島ビールはドイツからの技術導入で一九〇三年に創設された中国でも最も古いビールメーカーである。長い間中国のナンバーワンのビールとして君臨してきただけに、保守的な経営体質がこびりついており、ビール業界の激変に対しても動きは極めて鈍かった。

テレビでの宣伝も目立たなかった。ある統計によると、生力（サンミゲル）、燕京、雲湖、雪花に次いで青島ビールの宣伝費は五位である。決まった顧客を相手に従来通りの販売を続けていた。一時、香港から提携の話が持ち込まれたが、青島ビールはもちろんこれを拒否した。絶好のチャンスを逃したこともあって、香港市場でのシェアは五〇%から一〇%へとみる間に急落していった。九三年には同社の株式を香港と上海（A株）に上場したが、そこで得た多額の資金も有効に活用することはできなかった。

それでもようやく一九九六年になってから転機が訪れた。同社に専門の販売部門が設立されたのである。中国の新聞では「中国で最後に市場に入ってきた企業」と皮肉られている[46]。これまで「高級市場」向け一本槍だったのを改め、「中低級市場」にも目を向けるようになった。地元の青島市区にも一千カ所を上回る販売代理店が設立された。これまでは出荷後三カ月から半年もしなければ消費者の元に届かなかったのが、その日のうちに飲めるようになった。

既存工場の拡張だけでなく、新しい工場の建設にも乗り出した。九九年初めにはアサヒビールとの合弁による深圳工場から新製品が出荷されよう。それだけではない。年産四〇万トンの新規工場建設についても別途、交渉中という。「二〇〇〇年には年産一四〇万トン体制を確立し、国内シェアも七%（九七年の生産シェアは約二・二%）を確保する」[47]というのが目下の目標である。

しかし青島ビールも結局、外資に頼らなければ劣勢を挽回できなかった。深圳工場ではアサヒの「スーパードライ」が主要製品になる。青島ビールは劣勢ばん回の切り札として「生（非熱処理）ビール」に目を付けた。ところが自分のところにはその技術がない。やむなく青島ビールはアサヒに泣きつかざるをえなかった。新工場は日本と全く同じ生産ラインを持つ最新鋭の工場である。

新規の合弁は中国側が五一％を確保

中国政府も「国産ビールが外資系に浸食される。黙ってみていてよいのか」との声が高まることに神経を尖らせている。中国の業界紙によると、中国政府は新たな外国ビール規制の政策を打ち出してきている。その制限案とは、①外資系ビールメーカーの生産量を中国全体の三〇％以内に抑える、②外国ブランド品の生産量を中国全体の一〇％以下に抑える――というものである。外資系ビールメーカーの生産量は現在、約二〇％に達しているので、この案が実施されると天井が抑えられてしまう。外国ブランド品も現段階では三％程度だが、急速に増加が見込まれるので、一〇％到達は時間の問題だろう。

さらに外資との合弁企業を設立する場合には、生産量の二〇％を輸出するよう義務づけるほか、独資（単独出資）による進出も認めないようにするという。中国への外資進出は急速に難しくなってくる。

例えばアサヒは杭州、煙台など四つの合弁企業ではアサヒなど日本側が五三％から六〇％と過半を押さえている。しかし深圳の新工場を作るに際しての合弁企業契約では、中国側五一％、日本側四九％とわずかだが中国側に過半を譲らざるをえなかった。このあたりにも微妙な変化をかぎとることができる。ある米企業の場合でも、数年前に作った最初の合弁企業では米国側が資本金の八割を超えていた。ところが最近は米国側が次の工場の建設を中国側に持ちかけているが、なかなか許可が下りないという。

外資側は宣伝にも気をつけなければならない。調子に乗ってはでに自社ブランドを売り出したりすれば、中国側から反発を受けかねない。

二〇〇五年には世界トップクラスの国産メーカーも

だがあまりに中国が外資に対して規制をかければ、外資も進出意欲をなくしてしまう。外資を受け入れつつ、しかも国産メーカーの力もつけていく。言うはやさしいが、実際には容易なことではない。

カギを握るのは技術をいかに習得するかである。まだ国際的な企業と中国の企業との技術の格差は大きい。特に「生ビール」の技術は遅れている。

合弁企業で外資側から渡されたマニュアルばかりみていたのでは、技術は身につかない。アサヒビールは日本からすでに本社を退職したOBの技術者を「五人組」に編成して合弁企業に送り込み、現場に入れて中国人と一緒にビールを作らせた。OBは昔の技術も知っているので、文字通り手取り足取り教えることができる。中国側からも大いに感謝されているという。こうした草の根の技術協力を受けるなかで、中国側にも自主開発力がついてくるに違いない。

いま世界のトップクラスのビールメーカーは年産二〇〇万から三〇〇万キロリットルの規模にある。青島ビールはすでに二〇〇〇年に一四〇万キロリットルの計画を持っている。二〇〇五年頃になれば二〇〇万キロリットル級に成長していくかもしれない。

そうなれば、国内市場だけでなく、世界にも進出していくだけの力を蓄えられる。幸いなことに世界の各都市にはほとんど「チャイナタウン」がある。サンフランシスコなどはとりわけ規模が大きい。こうした既存のネットワークをビールの拡販に結びつけることは十分可能である。

3　外資に飲み込まれた国産自動車

中国は単なる組立工場か

一九九〇年代に入ってから中国の自動車産業は俄然、世界の注目を浴びる存在となった。巨大な中国市場への「入場券」を確保しようと、世界の名だたる自動車メーカーのトップが北京詣でを繰り返し、さまざまな進出話を持ち込んだ。これに対し中国は「三大三小二微」政策を打ち出し、外資の進出に一定の枠をはめようとした。それでも日本のトヨタのように、とりあえず部品の合弁企業設立を先行させ、いずれ完成車への参入を目指そうとするところもある。さらに米国のビッグスリーも遅ればせながら勢ぞろいしてきた。こうして中国の自動車産業はさながら「国際見本市」のごとき様相を呈している。

しかし華やかな側面ばかりとはいえない。中国で最大の生産量を誇る第一自動車（第一汽車）の耿昭杰総経理は「自動車の需給アンバランスは年を追って悪化し、九八年は一一〇万台の総需要に対し、供給はなんと二〇〇万台にも達している」(48)と危機感をあらわにしている。外資の進出によって供給が急増している半面、需要は国内の消費低迷のあおりを受けて思ったほどに伸びない。競争力のある外資系はともかく、国産メーカーは利益が上がらず極めて苦しい状況に追い込まれている。

それだけではない。中国人からすれば、フォルクスワーゲンの現地生産車である「サンタナ」

中国の自動車生産台数および民間用車保有台数

	自動車生産（うち乗用車）		民間用車保有（うち個人用）	
1980	222	(5)	1,782	(——)
1985	443	(5)	3,211	(284)
1986	372	(12)	3,619	(347)
1987	472	(20)	4,080	(422)
1988	646	(36)	4,643	(604)
1989	586	(28)	5,113	(731)
1990	509	(42)	5,513	(816)
1991	708	(81)	6,061	(960)
1992	1,061	(162)	6,917	(1,182)
1993	1,296	(229)	8,175	(1,557)
1994	1,353	(250)	9,419	(2,054)
1995	1,452	(325)	10,400	(2,499)
1996	1,474	(391)	11,000	(2,896)
1997	1,579	(481)	——	(——)

単位：1,000台
出所：日中経済協会

中国の車種別乗用車販売（1997年）

	販売台数	シェア
サンタナ（上海大衆）	212,037	49.2
シャレード（天津）	87,143	20.2
ジェッタ&ゴルフ（一汽・大衆）	40,225	9.3
アルト（長安機器）	30,346	7.0
チェロキー（北京ジープ）	20,188	4.7
富　康（神竜）	20,023	4.7
アウディ&紅旗（第一自動車）	18,343	4.3
プジョー（広州プジョー）	1,673	0.4
雲　雀（貴州航空）	872	0.2
合　計	430,850	100.0

単位：台、%
出所：『china　auto』1998年1/2月号

中国の主要自動車メーカー生産台数（1997年）

第一自動車グループ	261
上海自動車	231
東風自動車グループ	172
天津自動車	158
北京自動車	105

単位：1,000台
出所：『china　auto』
1998年1/2月号

はいくら中国で生産し、部品の国産化率も九〇％へと高まっていっても、やはり自分たちの「国産車」と考えるわけにはいかない。「国産化率が一時的に進んでも、いずれは更新の時期が来る。そうなるとまたドイツから新型車を導入しなければならない。国産化率も六〇％からもう一度スタートしなければならなくなる。中国は欧米の乗用車の単なる組立工場にすぎないのか」「韓国人は胸を張ってこれが自分たちのだといえる車を持っている。これに対し中国はどうか。一体いつになったら胸を張れるようになれるのか」[49]。こんないらだちの声が聞こえてくる。

二〇一〇年には輸出競争力も

現在の中国自動車産業のベースになっているのが、一九九四年七月に国務院通達の形で出された「自動車工業産業政策」である。同政策は、①二〇〇〇年までに二ないし三社のかなり実力を持つ大型企業グループと六ないし七社の国内の基幹企業となる企業グループを形成し、国内需要の九〇％以上を満たせるようにする、②二〇一〇年までに一定の国際競争力を持つ三ないし四社の大型自動車企業グループを形成し、自主開発・自主生産・自主販売を実現、国民経済の支柱産業とする——という二段階からなっている。

中国は文化大革命の発生とともに、地方分権・自力更生の気運が盛り上がり、「一省一工場」の分業体制が提唱された。このため小規模工場が全国に分散して存在しており、現在でも合計すると約一三〇社にのぼる。欧米や日本に比べて、この数字は異常なほど多い。これを二〇一〇年には三ないし四グループに集約していこうというのであるから、相当に思い切ったリストラ策である。

しかもこれまでのトラック中心から乗用車中心への構造転換を実現していく。九七年段階でも乗用車の生産比率は約三〇％でしかないが、これを二〇〇〇年段階で早くも半分以上に増やしていく。

二〇一〇年段階で注目されるのは、輸出を拡大し「一定の国際競争力」を有する企業に育てていくとの目標を掲げている点である。九〇年代以降、外資系企業の生産が急激に増えているが、販売は主として国内である。乗用車の輸出は九七年でわずか一千台あまりにしかすぎない。同政策は明確な輸出目標台数を示してはいないが、「二〇一〇年には自動車輸出が年間三五万台から四〇万台になる」との予測もある[50]。自動車輸出のかなりの部分は乗用車が占めることになろう。

この政策には国内市場だけでなく、国際市場にも進出していこうとする中国の夢が盛り込まれている。最後に残る三ないし四グループが「国産企業」なのか、それとも「外資系企業」であるかは明確に述べられていない。しかし「自主開発・自主生産・自主販売」とうたっているからには、実質的に「国産企業」といってもおかしくはない。そうであれば中国も胸を張って「国産車」だと自慢できるに違いない。

だがあと一〇数年で世界に通用する「国産車」を自力で作れるようになるだろうか。前途は極めて厳しい。

改革・開放とともに外資が参入

中国の自動車産業は「ソ連モデル」の導入から始まった。ソ連の全面的な技術指導のもとで、一九五六年に長春の第一自動車を稼働させる。ソ連との関係が悪化すると、産業拠点を内陸の山間部に移転させねばならないとの政策が打ち出された。その代表が内陸部の湖北省に一九六九年に建設された第二自動車（現在の東風自動車）である。こうして中国の自動車産業は性格の異なる二つの大手メーカーを中心に、その周りを多くの小規模メーカーが取り囲む形で発展してきた。

安定的だった産業構造に変化をもたらしたのは改革・開放路線の登場だった。まずドイツのフォルクスワーゲンが中国に乗り込んできた。八四年に上海自動車と合弁契約を結び、翌年から「サンタナ」の現地生産を開始する。フォルクスワーゲンは第一自動車にも接近し、八八年に「アウディ」のライセンス生産、九〇年には一汽・大衆自動車を設立し「ジェッタ」の生産に着手する。いまやフォルクスワーゲンはこれらの工場を合わせると、中国の乗用車生産の半分以上を生産、中国市場で圧倒的な人気を博している。

このほかアメリカン・モーターズ（のちにクライスラーに買収される）が八四年に北京ジープを設立、ダイハツも同じ頃、天津自動車とライセンス生産の契約を結んだ。八五年には仏プジョーが広州に進出している（一九九七年四月に撤退）。やや遅れて九二年には東風自動車（旧第二自動車）が仏シトロエンと合弁で「神竜自動車」を設立している。

現在、中国の街を走っている乗用車はほとんどが八〇年代に入って登場した外資系のメーカーのものである。フォルクスワーゲンをうまく取り込んだ上海自動車が台頭し、第一自動車、東風自動車とともに「ビッグスリー」を形成している。

乗用車の生産は九七年でまだ、四八万台である。しかし各社は積極的に設備拡張を進めてきたので、生産能力は十分にある。一汽・大衆自動車は九七年の生産が約四万台だが、能力は一五万台もある。上海大衆自動車も二〇万台から三〇万台に増やせる。天津自動車、神竜自動車もそれぞれ一五万台体制を確立している。第一自動車の耿昭杰総経理は「乗用車の生産能力は八五万台あるが、生産は四五万台でしかない」[51]とぼやいている。

ビッグスリーも勢ぞろい

ところが外資の進出はこれにとどまらない。八〇年代に進出した外資はどちらかといえば世界市場では下位グループに属する。ところがこの数年は世界のトップ企業が続々と中国に進出の体制を整え始めた。

九七年春には米GMが上海・浦東開発区に進出を決めた。投資総額は一五億七千万ドル。九八年末には「上海ビュイック」が市場にお目見えする。九九年春には年産一〇万台を目標に本格生産に入る予定だ。フォードもマイクロバスやエンジンの生産に乗り出している。

中国からの要請を断ってきたトヨタも重い腰を上げた。九六年に調印した「天津豊田汽車（自動車）発動機」が九八年には稼働体制に入る。ここで生産したエンジンは当面、新型シャレードに搭載されることになろう。もっとも天津自動車傘下の「天津夏利」が九八年六月に予定していた東京証券取引所への上場は延期となった。上場によって一五〇億円から二〇〇億円の資金調達を見込んでいただけに、今後の展開に影響が出そうだ。

さらに日本勢では本田がプジョーの撤退した後を引き継ぎ、乗用車の生産に入る。このほかドイツのベンツや韓国の大宇も拠点確保に動きをみせている。

供給過剰見越して撤退メーカーも

中国で最もマイカー需要が期待できそうなのは、一人当たりGDPが三千ドルを上回る上海だとだれもが思うに違いない。ところが上海のマイカー購入は極めて遅れている。「サンタナ」の購入台数に占めるマイカーの比率をみると、全国平均では二三・四％だが、上海はわずか三・九％でしかない。[52] この数字は北京など沿海地区の都市を大きく下回っているだけでなく、内陸部の都市にも及ばない。マイカーの保有台数は全体で六千台にも達していない。北京に比べると、わずか五〇分の一にしかすぎない。

上海はなんといっても人口が過密で、道路事情も悪い。自動車による排気ガスもひどい。上海当局もマイカー購入には制限を加えてこざるをえなかった。自動車を購入しても、ナンバープレートをなかなか入手できない。入手するには入札方式で、一時は二〇万元も支払わねばならなかった。これでは簡単にマイカーを購入できない。

しかも中国経済は九四年ごろから金融引き締めの局面に入っている。さらに九七年七月に発生したアジア通貨・金融危機が追い打ちをかけ、国内の消費が急速に落ち始めている。九八年は八％の成長目標の実現すら危ぶまれている。こうした状況では外資の進出による供給増加を吸収するのは容易でない。現在でも供給過剰なのに、ますます状況は悪化してしまう。

いったい中国は、明らかに乱立状態の生産体制をどのようにして二〇一〇年には三ないし四のグループに集約していくのだろうか。自動車全体でみると、上位四つの企業集団はいずれも年産一五万台を超え、全体に占めるシェアも四集団合計で五割を上回っている。しかし新規に進出した外資の生産が本格化してくれば、そのシェアも一時的とはいえ低下する可能性が強い。

すでに先行きを懸念して撤退するところや、契約を破棄するところが出始めている。中国政府がはっきりとした方向を打ち出さなければ、そうした動きはさらに加速し、市場を混乱に陥れかねない。

中国技術者の活用

しかも中国にとって重要なことは、いかにして国際競争に打ち勝てる「国産車」を作り上げるかにある。これまで進めてきた外資との提携のなかから、自力開発・自力生産による「国産車」への道がみえてくるのだろうか。

フォルクスワーゲンの中国責任者が『人民日報』とのインタビュー[53]で、対中進出が成功した理由を四つ挙げている。まず第一は中国の部品メーカーとの協力である。フォルクスワーゲンは国内の五〇〇社近いメーカーと部品供給の契約を結び、ネットワークを作り上げているという。これにより「サンタナ」で九〇%、「アウディ」七〇%、「ジェッタ」八〇%の国産化率を達成している。

第二は中国技術者の活用である。フォルクスワーゲンは「サンタナ二〇〇〇」の開発に中国技術者を参加させた。次世代の新型車についても、中国技術者と共同開発の形をとるという。九七年五月には研究開発センターの定礎式を行った。このセンターが動き出せば、自主開発・自主生産の拠点になりうるとみている。

第三は一般労働者のレベルアップ。そして第四はサービスの充実である。全国に合計五五〇カ所の修理・サービスセンターを設立したという。

この中国責任者は四つのうち、どれが欠けても成功しなかっただろうと指摘しているが、自力開発・自力生産という観点からとりわけ重要なのは第一と第二の理由である。中国政府がフォルクスワーゲンを高く評価するのも、こうした点にある。

『人民日報』は米GMの上海進出についても論評している。[54] 同紙はまず「中国での合弁で作っている車は必ずしも先進的でない」と批判したうえで、GMについては「GMとの合弁で作るのは新しい型で、米国でも生産していない。技術ももちろん先進的」と評価している。そして「GMは一年目で四〇％、二年目で八〇％と技術移転していくことを約束している。上海に技術センターも設立、ここが次の新車の設計・開発を受け持つことになる」という点に着目している。

中国側の評価のポイントはフォルクスワーゲンとGMとで全く同じである。『人民日報』はGM側から「あと一〇年から二〇年で中国はよい車を自分で設計できるようになる」との言葉も引き出している。まさにこれこそが中国の目指す「国民車」構想ということである。

一方、広州から撤退したプジョー（一九八五年創設）に対しては当然のことながら厳しい。新華社は「広州プジョーが失敗したのは、中国側、外資側双方に長期的な戦略的視点がなかったことと深い関係がある」との分析を紹介している。[55] そして「提供された車種は七〇年代に開発されたもので、プジョーではすでに生産されていない製品だった。協力期間中、仏側は購買、財務、品質検査など社内の重要部門を押さえ、技術開発能力ではなく、プジョーのノックダウン部品販売だけに力を入れた。そのため広州プジョーの国産化は遅々として進まず、発展を制約してしまった」とこきおろしている。このため九四から生産・販売台数は大幅に減少し、九六年の生産台数はわずか二千台に落ち込んでいたという。

合弁への批判も

中国が外資の手助けを借りて自主開発・自主生産による「国産車」への道を歩み始めているのは確かだろう。だが、その道のりは並大抵ではない。

第一自動車はかつての「紅旗」を自力でモデルチェンジし、九六年の一万台から九七年には三万台に生産を増やしている。ところがこの「紅旗」はどこか外形がフォルクスワーゲンの協力で生産している「アウディ」に似ている。耿昭杰総経理は「やはり自前の開発能力がないと、自分の車型が作れないし、競争にも勝てない」と反省する。車の中身だけでなく、外形すらも独自色を打ち出せないのである。

それでなくとも外資の進出に対する国民の目は厳しい。中国のマスコミでも自動車合弁の是非をめぐる論争がこの一、二年続いている。とりわけ注意すべきは「合弁で得られたのは生産能力の形成であり、失ったものは開発能力の育成である」との論調が出てきやすい点である。[56] これまでは大変評価の高いフォルクスワーゲンに対しても、「結局は中国の市場が目当てではないか」との批判が出てこないとも限らない。

排ガス対策が急務

特に中国がこれから国際競争力を持っていくには、環境問題を起こさない車の開発が不可欠である。それでなくとも中国は環境への配慮が十分とはいえない。環境関連の技術も遅れている。今後どのようにしてこうした技術の遅れを補っていくか、早急な対応が必要である。中国も「国民の健康だけでなく、国際競争力を確立するうえで、排ガス問題の処理は必要だ」（宋健国務委員・国務院環境委員会主任）とこの問題の重要性に気づき始めている。[57] 液化石油ガス（LPG）や電気自動車など環境にやさしい自動車の開発を真に必要としているのは、ほかでもない中国なのである。[58]

中国が健全な自動車産業の発展を遂げていくには、このほかにも多くの課題を抱えている。例えば、①販売・サービスの向上、②販売価格の引き下げ、③車庫の設置、④道路などインフラ整備――などである。

なかでも①の販売・サービス向上には、発想の転換が求められる。例えば中国では、かつての「一省一工場」システムの影響から、各省がよそ者を排除するという悪弊が根強く残っている。まず垣根を設けて原材料の手当を妨害する。作った車も省内で売れないように、各種の費用を上乗せする。ひどいところでは本体価格の約三割もの費用をとっているという。

トヨタがかつて中国への進出をためらったのも、こうした中国の販売・流通面での遅れが一因となった。トヨタは『人民日報』の取材に対し「トヨタは中国市場を重視していないのではない。八〇年代には米欧での投資拡大があり、そちらに資金と人材を投入せざるをえなかった。中国市場を顧みる余裕がなかった。しかも八〇年代において中国ではまだ販売体制が確立していなかった。これが完成車協力に踏み切れなかったもうひとつの要因である。トヨタは生産と販売のバランスを重視する。販売はその後のサービスとも関連してくる」と答えている。(59) トヨタからみると、まず生産のことを考え、販売やサービスを後回しにする中国的な発想は、理解できないということであろう。

市場のニーズがどこにあるか、正確に把握することも必要である。二一世紀は乗用車の時代ということで、外資系企業を含めて各社は一斉に乗用車の生産体制を整えている。しかし日米欧のような一般家庭の個人用の乗用車、つまりマイカーに対するニーズは中国ではどれだけあるのだろうか。

『人民日報』も「マイカーかそれとも家庭用自動車か」との評論を掲げ、市場がいくつかに分かれているのではないかと問題提起している。(60) つまり大都市では確かに自分の生活のために使うマイカーが求められるかもしれないが、農村では農作業にも使える車が必要なはずだ。また中小都市では大中型のマイカーを買うだけの余裕はまだない。こうした地域ではより小型の三輪車や軽自動車に対する需要が当面は多いのではないか、というわけだ。つまりマイカーと「家庭用自動車」を区別して考える必要があるのではないか、ということだ。

販売価格の引き下げも必要である。実際にこのところ各メーカーは相次いで製品価格の値下げを断行している。上海自動車は九八年に入って「サンタナ」の価格を二万元引き下げ、一一万四千元にした。また一汽・大衆の「ジェッタ」も一三％弱値下げし、一二万元を切る価格となった。[61]それでも中国の一般大衆の収入からすると高すぎる。せいぜい年収の二倍程度の範囲にならないと、マイカー需要は伸びない。そのためには乗用車の価格をいまの半分にするか、あるいは一般大衆の収入を倍にしなければならない。大変な努力が必要である。

第3節　WTO加盟の損得勘定

1　なぜ交渉は難航するのか

一〇年越しの加盟交渉　中国が世界貿易機関（WTO）の前身である関税貿易一般協定（GATT）への加入を申し込んだのは一九八六年だった。交渉はすでに一〇年を越え、作業部会（WP）は二〇回以上も開かれているが、いまだにトンネルの出口はみえてこない。

中国にとって一九九五年のWTO発足はひとつのチャンスだった。中国は発足と同時の加盟を強く望んだが、加盟国、特に米国との主張の開きは大きく、交渉は結局まとまらなかった。その後は九五年五月に台湾の李登輝総統が訪米したのをきっかけに、米中関係は悪化していく。なかなか再交渉のタイミングをつかめなかった。

再び交渉の機運が出てきたのは九六年秋に入ってからだった。特に九六年一一月のアジア太平洋経済協力会議（ＡＰＥＣ）で、米中首脳が一九八九年の天安門事件以来途絶えていた首脳の相互訪問復活に合意したのが転機になった。九七年には何回かの作業部会が開かれ、一部の問題では進展もみている。しかしまだ合意までには多くの問題を残している。なぜこれほどまでに加盟交渉は難航するのだろうか。

真っ向から対立する米中の見解

いまのＷＴＯには一三〇カ国以上の国が加盟している。ＧＡＴＴ時代よりも紛争解決の制度が大幅に強化され、ＧＡＴＴに持ち込まれる案件も増えている。ＷＴＯは公正な立場に立って貿易問題全般を処理する「奉行」の役割を立派に果たしているかにみえる。

しかし実際には米国が有形無形に特別な影響力を持っているのは否定できない。米国が「ノー」と言えば、成立しない交渉は少なくない。現に中国の加盟交渉でも、米国の反対があるために、なかなか進展していない。

米国からすれば、いまのままでは中国をＷＴＯに加盟させるわけにはいかない。中国が現在の経済貿易制度を抜本的に変えてくれなければ加盟させられない。中途半端な形でいったん加盟を認めれば、中国は改善努力を怠ってしまう。したがって加盟する時こそが、中国を変える大きなチャンスと見ている。中国を強引に米国主導の経済貿易ルールに組み込んでしまおうというわけである。

ところが中国からみれば、おいそれと米国主導の経済貿易ルールに従うわけにはいかない。一九九七年七月に発生したアジア通貨・金融危機でも、タイやインドネシアはあまりに米国主導の経済貿易ルールを導入しすぎて、かえって傷口を深くしてしまった。中国はその二の舞いを踏むわけにはいかない。WTOには加盟したいが、といって無理に条件を飲むわけにはいかない。無理に飲めば、中国の「社会主義市場経済」が混乱してしまいかねない。加盟する際にはできるだけ中国の後進性、特殊性を考慮に入れてもらいたい、というのが中国の基本的立場である。

一九九八年六月にはクリントン米大統領が訪中した。訪中前には、あるいは米中はサービス分野の一部について部分合意するのではないか、との見方もあった。実際に双方は事務レベルでかなりの時間を割いてこの問題を話し合った。しかし結局首脳会談でWTO問題はほとんど取り上げられず、訪中の成果とすることはできなかった。絶好のチャンスを逃したことで、「今世紀中の加盟は難しい」との悲観論も米国内では出ている。

決着に三つの可能性

もちろん中国にとってWTO加盟の意義は大きい。国連などほとんどの国際機関に中国は加盟しているが、唯一残ったのがWTOである。これに加盟すれば、中国はいよいよ国際経済と一体化したとアピールできる。

一方、欧米など先進国もいまや中国を無視するわけにはいかない。中国が世界貿易に占める地位はますます大きくなっているからだ。その中国をWTO加盟を通じて世界経済に組み込むことができれば、中国とのつき合いがやりやすくなる。欧米流に近いやり方で取引できるし、紛争が起きてもWTOに持ち込めばなんとか解決できる。

したがってなお曲折はあろうが、中国の加盟交渉は今後も続けられ、いずれは加盟が実現するであろう。

だが問題はどんな形で実現するかである。可能性は三つある。第一は中国が結局は根負けし、米国主導の経済貿易ルールを基本的に受け入れる。第二は米国が中国の後進性、特殊性をかなり認めた形で決着する。そして第三は第一と第二の中間で、双方の妥協が成立する。

第一のケースになった場合には、いまの中国の「社会主義市場経済」が崩壊する可能性が出てくる。いまの中国は北京政府がいざとなれば強権を発動し、市場経済に介入していく権利を保持している。しかし米国主導の経済貿易ルールを受け入れれば、北京政府の「主権」は大幅に制約される。社会主義国としての特性を発揮できなくなろう。

反対に第二のケースとなれば、現在のWTO体制は大きく変わっていかざるをえなくなる。中国の独自のシステムが国際経済のルールとして公認されることになるからだ。これまで米国主導だったグローバル・スタンダードがアジア的な要素も加味したものに大きく変わっていくに違いない。

第三は第二ほどにはドラスティックではない。それでも将来的にはWTO体制を米国主導から変えていくきっかけにはなるかもしれない。

いずれにしても中国の加盟交渉は、中央集権的な計画経済制度から市場メカニズム中心の経済

WTO加盟申請中の国・地域一覧（1997年1月現在）

申請時期	国・地域名
1990年以前	アルジェリア(1987)、中国(1986)、ネパール(1989)、台湾(1990)
1991年	パナマ
1992年	アルバニア
1993年	アルメニア、ベラルーシ、クロアチア、ラトビア、モルドバ、ロシア、サウジアラビア、ウクライナ
1994年	カンボジア、エストニア、ヨルダン、リトアニア、マケドニア、スーダン、ウズベキスタン
1995年	ヴェトナム、セイシェル、ヴァヌアツ、トンガ
1996年	カザフスタン、キルギス、オマーン、グルジア

注：(　) 内は加盟申請時期
出所：「不公正貿易報告書」1997年

制度に移管した国々をＷＴＯに組み入れる最初の試みである。中国のほかにもロシアをはじめ、ベラルーシ、クロアチア、ウクライナ、カザフスタンなどの旧ソ連諸国、さらにはカンボジア、アルバニアなどまでＷＴＯへの加盟を申請している。中国の交渉結果によって、二一世紀の世界経済・貿易システムがどのような形になるか決まってくるといって過言ではない。

筆者は、第二か第三のケースになるとみている。とにかく中国はいまや世界経済・貿易において主要プレイヤーの地位を築きつつある。世界貿易に占める割合は一九八五年の一・九％から九五年には二・八％へと急増している。その中国をＷＴＯに入れなければ、世界の経済・貿易体制そのものが不安定になってしまう。

それればかりではない。欧州はＥＵへの統合が進みつつある。これからは米国がＷＴＯを独占できる時代ではない。米国主導の経済貿易ルールは次第に崩れ、グローバル・スタンダードの中身も少しずつ変わっていくはずである。

2　合意点と対立点

これまでの交渉を三つに分けて整理

WTOへの加盟交渉は二つの交渉が平行して進められる。ひとつは申請国と多国間の交渉でWTOに作業部会（WP）を設けて、申請国の経済・貿易制度を審査する。そして申請国の加盟条件を定めた「加盟のための議定書」を作成する。この交渉ではWTOルール以外の問題ではあるが、外資に対する差別の問題なども話し合われる。

もうひとつは二国間で行われる交渉で、申請国に対する市場アクセスを改善するための諸措置を話し合う。具体的には関税引き下げ、非関税措置の削減、サービス業の譲許などである。

ここでは以上の二つの交渉をひとまとめにして、①すでにこれまでの交渉で中国が受け入れた項目、②交渉はかなり進展したが、まだ最終合意には達していない項目、③ほとんど進展していない項目――の三つに分けて整理してみる。

中国、貿易権受け入れに同意

まず①としては、(イ)貿易権、(ロ)無差別規定（外国人に対する差別的価格の撤廃）、(ハ)司法審査の導入――などが挙げられる。

九七年三月に開かれた「中国WTO加盟作業部会」では、焦点になっていた「貿易権」について中国側が受け入れに同意した。「貿易権」とは中国にある企業（外資系を含む）ならどこでもモノの輸出入をできる権利のことである。それまでは許可制になっており、約一万二千社（一九九六年ベース）しか認められていなかった。許可制の場合、輸入品は貿易権を持った企業を通じてしか調達できず、結果的に取引コストが高くなってしまう、といった弊害が出てくる。

ただしすぐに完全自由化するのではなく、加盟後三年の経過期間が認められている。特に外国企業に貿易権を認めるのは、中国からすれば「大英断」である。慎重に進めなければならない。すでに上海・深圳では外国の貿易会社と中国企業との合弁貿易会社が実験的に設立を認められており、今後段階的に自由化していくことになる。

九七年五月の作業部会では、ＷＴＯの基本ルールである「無差別規定」について合意をみた。外国人に対する差別的な価格としては、医療費、航空運賃、ホテル代、家賃など広範囲にわたっており、進出企業などにとってはコスト高の要因になっていた。中国はこれらの二重価格をＷＴＯ加盟までに撤廃しなければならない。

この時の作業部会では「司法審査」の分野でも合意に達した。中国の特許法や商標法では現在、出願した特許を審査当局が却下したような場合、不服でも裁判所に訴えることができない。しかし今後はＷＴＯルールに沿って司法審査に道を開くよう、法改正することになる。

基準認証ではなお差異が残る

次に②の「かなり進展したが、まだ最終合意に至っていない項目」としては、(イ)基準認証、(ロ)ＴＲＩＭ、(ハ)補助金、(ニ)知的所有権、(ホ)高関税――などが挙げられる。

基準認証（中国では国産品と輸入品とで法令・基準、検査機関が二元化しているため、これら制度の統一を要求）の問題では、中国側が法令・基準の統一については認めたが、検査機関の一元化については認められないとの立場を表明している。しかし基準の共通化だけではやはり不十分、というのが先進国側の主張だ。単一の機関が一元的に審査する体制を確立しないと、輸入品が厳しく審査され、差別されかねないからである。

ＴＲＩＭ（貿易関連投資措置）は投資受け入れ国が外国からの進出企業に対し、部品の一定比率以上の現地調達を義務づけたり（ローカル・コンテント）、生産量の一定割合以上の輸出を義務づけたりするのを禁止することをいう。サービス貿易、知的所有権と並んで、ウルグアイ・ラウンドで新たに取り上げられた。

中国はこのうち、ローカル・コンテントについては他の途上国並みに一九九九年末までに廃止すると約束した。しかし、輸出の義務づけについては言及していない。

補助金について中国は、すでに撤廃したと述べている。しかし実際には補助金とは銘打っていないが、実質的には補助金となんら変わらないという制度が多く残っている。これらのひとつひとつを精査し、問題のあるものについては、撤廃のスケジュールを明確にすべきだというのが先進国の主張だ。

知的所有権に関しては中国も各種法律を整備するなど、前向きに取り組んでいる。しかし、法や制度が整備されても、実際の運用が甘ければ解決にはならない。実際に中国国内で知的所有権侵害の事件が多発している。しかも事件の処理の状況がいまひとつはっきりしていない。先進国は状況をより詳細に公表すべきだと求めている。

また市場アクセスの中心テーマである関税引き下げについても、中国側はそれなりの努力をしてきている。九五年のアジア太平洋経済協力会議（ＡＰＥＣ）大阪会合でのイニシアル・アクションに基づいて、一九九六年から四九〇〇品目以上にわたる品目につき、大幅な関税引き下げを実施し、それまでの単純平均税率三六％を二三％まで引き下げた。九六年のマニラ会合では二〇〇〇年までに一五％まで引き下げると約束している。さらに九七年一一月には江沢民国家主席が自ら「二〇〇五年までに現行一六・六％の関税率を一〇％へ引き下げる」との方針を表明している。

九八年四月の作業部会では江沢民国家主席の方針表明を具体化させる形で、工業品五六六九品目の関税を二〇〇五年までに一〇・八％に引き下げる案を提示している。

もっとも自動車、ビデオ、テレビなど依然として高関税な商品も残っており、先進国はさらに一層の引き下げを要求している。

中国の実行税率の例（1996年現在）

品目	実行税率
フィルム	60
タイヤ	30
毛織物	35
合繊繊維	45
ステンレス鋼	22
冷蔵庫	40
エアコン	40
ビデオ	60
ＴＶ	50
自動車	100

単位：％
出所：外務省資料

サービス業の自由化が大きな焦点に

最後に③の「目立った進展のみられない項目」としては、

(イ)特別セーフガード、(ロ)サービス業の自由化——などが残っている。

先進国は安い中国の製品が大量に流入してくることを警戒している。そこで中国だけを対象に発動できる特別セーフガード(緊急輸入制限措置)の創設を求めている。加盟を急ぐ中国も他の案件とのパッケージで、この特別セーフガードを容認する姿勢を見せてはいるが、最後までもめる可能性が強い。

例えば日中間では中国製の綿織物の輸入増が問題になっている。日中間の交渉で、特定の輸出代理店以外は対日輸出が認められないということになった。ところが実際には韓国、香港からの「迂回輸出」があり、日本側の不満は解消されていない。

流通、金融などサービス業の自由化には中国も慎重である。例えば流通業では、小売業について一部の大都市・経済特別区で試験的な進出が認められているにすぎない。今後、この範囲を拡大すると中国は言っているが、その歩みは遅々たるものになろう。さらに卸売業となると、中国も簡単には開放できない。

貿易権については進展をみた。しかし先進国側からすれば、輸出入だけでなく、小売り、卸売り、運輸、倉庫など総合的な一環した流通システムの構築がなければ、中国において効率的な仕事はできない。

金融になると、さらに問題は難しくなる。外国銀行の支店開設は、開設できる都市の数が次第に増えてきてはいるが、依然として「試験」の域を脱していない。外国銀行による人民元の取り扱いも一部銀行に認められたにすぎない。

3　楽観許せない交渉の行方

三つに分けて考える　以上の多岐にわたる交渉項目はどのように処理されればよいか。やはり三つに分けて考えていくべきだ。すなわち、①明らかに中国のシステムが遅れており、できるだけ速やかに改善を必要とする項目、②確かに中国のシステムは遅れているが、いますぐ全面開放すれば、中国経済がかえって混乱してしまう。したがって段階的に改善していくべき項目、③中国には独自のシステムがあり、先進国の要求には応じる必要のない項目——の三つである。(62)

これまでに中国が受け入れを表明してきた項目や内容は、ほとんどが①と②に属している。中国からすればひとつひとつの受け入れが「大いなる決断」「大いなる譲歩」ということになるが、中国の持っている交渉のカードは桁外れに数多い。まだまだ中国にとって譲歩の余地は残っている。

「補助金廃止」などは中国にも利点　明らかに中国のシステムが遅れている項目は数多く存在する。中国が国際社会に入っていこうとするなら、これらの項目は速やかに改められねばならない。

「無差別規定」「知的所有権の尊重」「補助金廃止」などは、中国としては当然受け入れるべき項目であって、中国がこれから目指すべき「社会主義市場経済」システムにはほとんど影響がない。むしろそうした新しいシステムの確立にとって促進要因となろう。

「無差別規定」はいざ実施するとなると、難しい問題も出てくる。しかし改革・開放の初期のころは、まだ中国と先進諸国の所得格差が大きすぎて、むしろ差別をつけた方が違和感がなかった。だが改革・開放の進展につれて、格差は急速に縮小しつつある。いまならば、中国人からもそれほど反発を買わないですみそうだ。

蘇州の寒山寺は観光名所として知られているが、ここの入場料金もこれまでは外国人と中国人の二本立てだった。ところが九六年に現地に久しぶりに行ってみると、中国人の料金が消され、外国人の料金に一本化していた。一人二〇元である。二〇元は中国人にとってかなり高い料金だが、払えない水準ではない。

国内流通業の開放には極めて慎重

中国が神経を使うのは「社会主義市場経済」システムの構築に影響を与えかねない項目である。「貿易権」と「流通業の自由化」はその典型的な例である。

もっとも「貿易権」は中国が国際経済のなかに入っていくからには、不可欠な項目である。資本取引の自由化ならいざ知らず、経常取引の自由化は中国としてもいずれは受け入れねばならないとみていたに違いない。織り込み済みだったはずだ。

中国への進出企業に「貿易権」を認めれば、中国政府の輸出入コントロールになんらかの影響が出てくるかもしれない。貿易が大幅黒字の時にはなんら問題にはならないが、赤字にでもなった場合には外貨準備の不足をより深刻化させ、「金融危機」を招かないとも限らない。

しかし外国企業の進出そのものには今後も「認可制」を維持できる。したがって外国企業の数をコントロールすることによって、問題の深刻化を避けることは可能であろう。こうした間接コントロールは最近の中国では当たり前のやり方になってきた。間接的ではあってもコントロールできるとの自信がなければ、中国は自由化に踏み切らないであろう。

だが国内の「流通業の自由化」となると、話は簡単にはいかない。製造業は単なる「点」にすぎないが、流通は全国に網の目のように広がっていなければ意味がない。それだけ中国経済の中枢に食い込んでくる。この流通を外国に握られることへの警戒心はことのほか強い。この分野でも地域制限などは少しずつ緩和させていくと思うが、先進国の期待ほどには進まないであろう。

最も敏感なのは「金融自由化」である。九七年七月からのアジア通貨・金融危機で、中国も多くのことを学んだ。とにかく通貨・金融は中央政府が厳しくコントロールし、外国からの投機資金が入ってこないようにするべきだ、と決意している。

通貨危機が始まる前には、資本自由化を早期に実現したいと述べていたが、いまでは誰もそうした発言はしていない。特に短期資本が大量に流入しないように、中国としては十分監視していくことになろう。

ＷＴＯが国有企業をバックアップ

中国のＷＴＯ加盟が中国の後進性、特殊性をある程度認めた形で決着できれば、これから本格化していく国有企業の海外展開を強力にバックアップしていける。

国際競争に参画していく中核的な企業が国有企業であり、しかもこれまでのＷＴＯにはなかったルールのもとに貿易、投資が行われる。これこそ「チャイニーズ・スタンダード」の登場以外のなにものでもない。

もちろん、これから登場してくる「チャイニーズ・スタンダード」は以前に比べれば相当に洗練されたものになってきてはいるが、それでも中国的な臭いや体質を濃厚に残している。国際経済・社会がそれらをどこまで受け入れるかが問われることになる。

中国のWTO加盟問題の推移

1986年	中国が関税貿易一般協定（GATT）への加盟を申請
1987年	GATTが中国加盟に関する作業部会を設置
1989年	天安門事件で作業部会の開催が中断（1992年まで）
1990年	台湾がGATT加盟を申請
1993年	ロシアがGATT加盟を申請
1994年	中国を世界貿易機関（WTO）原加盟国とするための集中交渉が決裂
1995年	
1月	WTOが1月に発足
7月	中国、WTOのオブザーバー資格を取得
11月	米国が中国のWTO加盟に対し、関税引き下げ、サービス市場開放などの新条件を提示
1996年	
4月	中国、約5,000品目の輸入関税率を引き下げ、平均輸入関税率を23%に。また176品目の非関税障壁を撤廃
6月	中国側が海賊版CDなどの摘発強化を約束し、米中両国間の知的所有権交渉を決着
9月	中国、外国企業に試験的に貿易会社を認める暫定規定を公布
11月	中国、APEC個別行動計画で、2000年までに平均輸入関税率を15%に引き下げ、2020年までに非関税障壁を撤廃することを表明
12月	興銀などに上海・浦東地区での人民元業務を認可
1997年	
1月	日本が台湾との二国間交渉を妥結
3月	中国が作業部会で外国貿易権の自由化を約束
5月	作業部会で、中国の二重価格の廃止などを原則合意
7月	中国が日本に関税引き下げ案を提示
9月	中国が日本に自動車市場自由化策を提示
10月	中国、平均関税率を23%から17%に引き下げ。1998年の大統領訪中時にWTO加盟交渉決着との目標を公表
11月	江沢民国家主席、2005年までに平均関税率を10%に引き下げると表明
11月	中国が、①外銀の人民元業務を5つの経済特区でも認可、②合弁会社による海外親会社からの製品輸入を認可、③通信ケーブルの敷設事業への外資参入を認可――などを打ち出す
12月	中国、作業部会で、①外資100%の保険子会社設立の認可、②合弁の小売業を認める地域の拡大――など、金融や流通、サービス貿易分野での新たな自由化案を打ち出す
1998年	
6月	クリントン大統領が訪中したが、WTO問題では進展なし

第3章　中国式の資本自由化

第1節　上海・浦東開発区は「金融センター」に育つか

1　進むインフラ整備

世界一の高層ビルを建築中

中国はいま、上海の浦東地区を「アジアの金融センター」に育てようと、インフラ整備に全力を挙げている。すでに開発区としての輪郭は整えられつつあるが、さらに浦東新国際空港、延安トンネル複線化、鉄道乗り入れ、地下鉄二号線などの建設にも取り組んでいる。(63) 開発区の中心となる陸家嘴金融貿易区では驚異的な高層ビル建設ラッシュが起きている。日本の森ビルによる「上海環球金融中心」の建設も始まっている。これが完成すれば、九四階建て、地上四六〇メートルの高さで、マレーシアのＫＬＣＣツインタワーを抜いて、世界一のビルになる。

かつての深圳経済特別区の建設を彷彿とさせるスピードぶりである。深圳でも猛烈な高層ビルラッシュが起き、のどかな田園は数年のうちに一変してしまった。当時、「一体こんなに高層ビルを建てて、全部埋まるのだろうか」と心配したほどだった。ところがそうした心配は杞憂にすぎなかった。

上海のGDP成長率

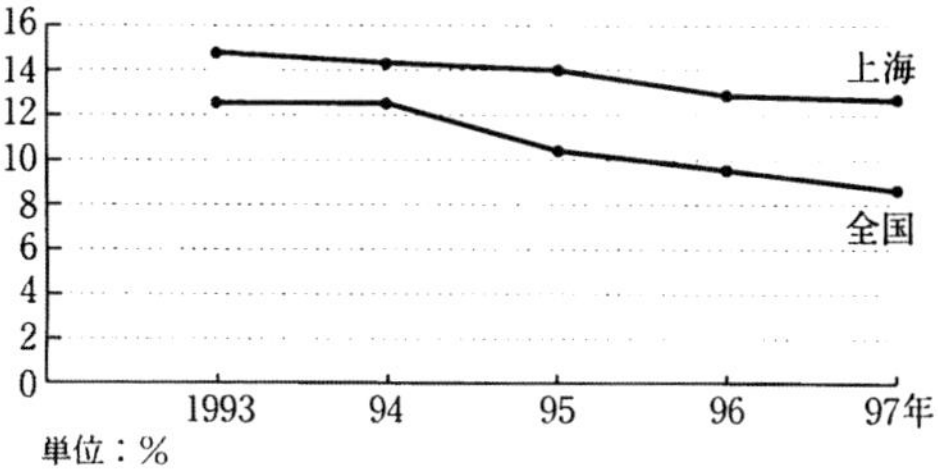

上海の中国に占める位置（1996年）

面積	0.7
人口	1.1
GDP	4.2
貿易額	7.7
直接投資	11.1

単位：%

浦東開発区のインフラ整備（現在建設中）

▽浦東新国際空港
▽地下鉄2号線（1999年末一部開通予定）
▽延安トンネル複線化
▽鉄道乗り入れ
▽外高橋発電所第二期工程
▽外環状道路
▽南部合流汚水処理場
▽黄浦江大橋
▽電話通信設備
▽外高橋埠頭第二期工程

浦東地区への外資進出

年	1992	1993	1994	1995	1996	1997
投資件数	567	924	1,035	838	802	615
契約額（億ドル）	13.5	17.3	26.2	32.7	33.1	25.0

もっとも上海・浦東開発区の建設は、深圳経済特別区の建設が始まった一九八〇年代初めのころとはずいぶん状況が変わってきている。深圳経済特別区はまさに中国の改革・開放政策のシンボルとして急成長を遂げることができた。しかしそれからすでに二〇年近く過ぎている。改革・開放の成果とともに、これまで積み重ねてきたさまざまな矛盾も表面化してきている。しかも九七年半ばにタイで起きた通貨・金融危機は瞬く間にアジア全体に広がり、中国の貿易・投資にも大きな影響を与えている。上海・浦東開発区の建設はタイミングとしては必ずしもよくない時期に始まっている。

しかも深圳経済特別区は貿易・投資の受け入れ窓口としての機能が中心だったが、浦東開発区は貿易・投資だけでなくより高度な「金融センター」を目指している。いずれは国際金融センターである香港に追いつき、追い抜こうという遠大な戦略目標もある。それだけに開発には深圳経済特別区とは比較にならない難しさを有している。中国の国際化がどこまで進むか、まさに浦東開発区で試されることになる。

外国投資も上海にシフト

浦東地区への外国投資には企業所得税の減免など、他の経済特別区や開発区と同様な優遇措置が与えられている。しかも外国貿易会社の認可、外銀の人民元取り扱いなど他の開発区にはない「特権」も持っている。沿海地区でも大連、天津などの人気がいまひとつであるのに対し、上海・浦東開発区は外国からの投資も増える傾向にある。

日本企業の浦東開発区への進出も盛んである。シャープ（エアコン）、松下電器（電子レンジ、マグネトロン）、ノーリツ（給油器）、リコー（ファックス）などがすでに進出し、稼働している。資生堂（化粧品）は九九年末に工場完成の予定で、中国では北京に次いで二番目となる。コクヨ（文房具）は合弁で「上海コクヨ英雄文化用品公司」を設立した。さらにNEC（半導体）も合弁会社を設立し、中国最大の半導体国家プロジェクトに取り組み始めている。

浦東開発区を抱える上海の経済成長も順調である。九五年から九七年の三年間は、全国平均の成長率を毎年、三％から四％も上回っている。

2　がんじがらめの人民元業務

新上海証券取引所がオープン

問題は「金融センター」として浦東開発区が今後、どこまで発展しうるかである。まず九七年段階でどれほど金融関連の機能を持つに至っているかを概観しておこう。

新上海証券取引所が九七年一二月に浦東開発区に開設された。取引所ビルは約一億二千万ドルを投じて建設した。上海証券取引所と人民解放軍の関連企業として知られている「保利集団」が資金を出し合ったというのが、いかにも中国らしい。地上二七階、地下三階で、立会場は東京証取の約二倍の三六〇〇平方メートルと大きい。衛星通信など最新鋭システムを装備し、コンピュータで取引を管理できるのが自慢である。

株式の上場企業はA株（人民元建て）とB株（ドル建て）を合わせて四二〇余りにまで増えてい

上海・浦東地区の金融機能

上海証券取引所	上場数	A株	372
		B株	50
		国債現物	9
		国債現先	6
	時価総額（億元）	A株	9,032
		B株	186
外国為替市場	売買金額（億ドル）		697
コール市場	売買金額（億元）		4,149

る。時価総額、売買代金はそれぞれ東京の五〇分の一、八分の一、香港の七分の一、五分の三、シンガポールの五分の二、二倍で、規模の割に取引の活発なのが特徴となっている。

次に外貨取引センターは九四年四月に設立された。全国数十都市とオンラインで結ばれている。もっとも取引対象は人民元―米ドル、人民元―日本円、人民元―香港ドルの三種類に限られている。九七年の取引額六九七億ドルの内訳は米ドルが六四五億ドルと圧倒的に多く、日本円は九四二億円、香港ドルは三四三億香港ドルにとどまっている。

外貨取引センターのネットワークを利用し、全国統一のコール市場・銀行間債券取引市場も開設されている。コール市場は九六年一月、銀行間の債券取引市場は九七年六月にそれぞれ開業している。

外資系金融機関の進出も活発だ。一九九〇年段階では外資系金融機関はわずか四件しかなかった。ところが九七年末現在、営業性外資系金融機関は銀行系四六（うち日本一二）、保険会社五（うち日本一）となっている。また駐在員事務所は銀行六五（うち日本二二)、保険会社三五(うち日本六)、その他一四(うち日本五)にまで増えている。

九七年には浦東地区で外資系銀行九社(東京三菱、日本興業、三和、第一勧銀、香港上海、シティー、スタンダード・チャータード、上海パリ国際、インドスエズ)に対し人民元業務が試験的に認められた。上海金融の対外開放の歴史からみれば、これは画期的な措置であろう。九八年八月には深圳でも浦東地区と同様に人民元取り扱いを認めると発表している。

融資に回せる原資を規制

一見すると、「アジアの金融センター」としての浦東は順調な発展を示しているかにみえる。「すでに上海における外資系金融機関は数量においても資産総額においても、また分布地区の広がりにおいても、一九三〇年代に極東の金融センターと呼ばれた繁栄の時期を上回っている[64]」のは確かだろう。しかし一九三〇年代との比較はいまやあまり意味を持たない。いまの上海は香港やシンガポールなどアジアの金融センターと比べると、まだ業務内容、規模ともに大きく見劣りがする。

外銀の人民元業務を例にとってみよう。最初に人民元業務を認められた外銀九行のうち、六行が人民元業務に進出しており、預金、融資、決済、保証の四つの業務が認められている。しかし規制は厳格である。

例えば融資に回せる原資は預金と資本金だけに限られている。外国通貨を人民元に交換して使うことはもちろんできない。融資先も外国企業だけだし、地域は上海地区に限られている。外国銀行側としては少なくとも近隣の江蘇省など華東地区にまで範囲を広げてもらいたいところだろう。

預金を増やせばよいわけだが、その預金も支店開設にわくがはめられている現状では十分に集められない。九七年六月末段階で預金残高は合計二億一五〇〇万元である。一行平均では三六〇〇万元にしかすぎない。貸出残高は合計一億三〇〇万元、これも一行平均では一七〇〇万元でしかない。九八年三月末には貸付残高が約六億元、預金残高が約五億七千万元にそれぞれ増えてきている。しかし鳴り物入りで始まったにしてはまだ少ない。外国銀行のなかには資本金を増やそうとするところもあるが、これも三千万元以上は当局の認可が必要になる。

人民元業務を取り扱っている外資系銀行に対しては九八年五月から「全国インターバンク市場」（コール市場）への参入も認められた。「外資系銀行は今後、全国インターバンク・センターが提供するコンピュータ・ネットワーク・システムを使って取引会員と人民元の資金貸借取引を行うことができ、しかも債券売買や現先業務などが増えることになる。またネットワークを通じて、全国の通貨市場の統計データ、各取引会員の資料、信用状態の情報を得ることができる」[65]という。

だが政府の厳しい規制下にあることには変わりがない。金利は三カ月で一一％と高い。企業向け貸出金利は六カ月で九・一八％なので、無理してコール市場から借りれば、逆ざやになってしまう。それに短期のものがほとんどで、使い勝手も悪い。

上海・浦東開発区にオフショア金融市場を開設する動きもある。中国では八九年に深圳でオフショア金融業務が始まっているので、もし開設されればそれに次ぐことになる。もっとも開設されても、一部の国内銀行が認可を受けるだけで、外国銀行は当面参加できそうにない。利用者も上海との関係が深い在外華僑に限られそうだ。人材も不足しており、いますぐ香港、シンガポールのオフショア市場に対抗するのは難しい。

3　資本自由化の進め方

資本自由化は避けて通れない

一九九八年五月に来日した中国人民銀行貨幣政策局の鄧智毅・現金管理処長はあるシンポジウムの席で、資本自由化について次のように考え方を述べている(66)。

まず、「資本自由化は本来、もっと早いうちに実現できると思っていた。しかし今回、アジア通貨危機が起き、われわれは資本自由化と中央銀行の監督・管理能力とがうまくかみ合わなければならないという教訓を得た」と資本自由化が遅れた理由を説明している。

だが同氏は「中国の融資規模が増えるに伴って、いろいろな問題が起きているが、といって閉鎖的な政策をとるわけにはいかない。資本自由化は遅れるかもしれないが、将来、必ずやると断言できる」と明確に述べている。

さらに鄧氏は「短期資本があまりに早く流入したり、流出したりすれば、致命的な打撃を与えてしまう。取引を保証すると同時に、いかにすればダメージを避けられるか、両立させる方法を考えなければならない」と指摘、問題点がどこにあるかを明らかにしている。

九八年七月一七日付けの『人民日報』も「円安に直面して」との評論を掲載、そのなかで「対中投資の減少していることもあり、われわれは今後も安定性のある外国からの直接投資については引き続き導入していく。だが同時に資本取引の管理を厳格にし、国際的な投機資本が経常取引に紛れ込んできたりしないようにしなければならない。資本市場開放が早すぎたアジア各国の教訓を戒めにして、専門家は現段階では株式市場、不動産市場、債券市場などの整備を進めねばならない」と指摘している。拙速な開放は人民元の安定維持を危うくする、当面は市場開放よりも管理強化に重点を置くべきだとの主張である。特に経常取引のなかに投機資金が紛れ込んでいる、との指摘は目新しい。

資本自由化はいずれやるが、ダメージはなんとしても避けなければならない、という中国の基本的考え方がよくわかる。問題はそのような両立できる方法があるのかということになる。

証券・保険の自由化は当面、見込みなし

少なくとも当面は慎重にならざるをえない。中国人民銀行当局者は九八年四月に北京で開かれた会議で、「外国銀行の人民元業務取り扱いの実験を拡大する作業は徐々に進められる。そのなかには、すでに人民元業務の実験を認められている九行に対して運転資金、コール資金面の比率制限を緩和すること、より多くの外国銀行に人民元業務を認めていくことなどが含まれる」と語っている(67)。せいぜいこの程度のテンポである。

それでも銀行関係は自由化が進んでいる方である。証券や保険関係はまだほとんど市場開放されていない。例えば日本の証券会社が上海証券取引所に上場している株式を売買するようなことは、近い将来も期待できそうにない。

浦東開発区の金融面での自由化は当面、「生かさぬよう、殺さぬよう」というスタンスを続けていこう。早期の規制緩和は望み薄である。人民元業務の開放も形だけとなろう。はたしていつの時点で本格的な規制緩和が進むのか。両立するようなやり方ができるのだろうか。

仮に中国が「これしかない」という方法を打ち出したとしても、国際経済がそれを受け入れてくれなければ意味がない。中国に資金がさっぱり集まってこないようでは、国際的な「金融センター」とはいえない。単なる中国流のやり方にとどまってしまう。

国際社会も知恵を出すべきだ

中国はまだ国際金融の面での経験に乏しい。どのような資本自由化を行えばよいか、独自に考え出すのは難しいかもしれない。国際社会は中国に対し積極的に助言し、中国に最適なシステムの構築を手助けすべきである。

なかでもアジアの事情をよく知った日本の果たすべき役割は大きい。外国為替等審議会は一九九七年秋から「アジア通貨・資本市場専門部会」を発足させ、今回のアジア通貨・金融危機の教訓について討議した。そして危機を起こりにくくするための提言を試みている。

そのなかで「短期資本」の流出入額が大きく変動する問題についても、各国政府が適切なリスク管理措置をとるべきだと指摘している。具体的には、①短期資本を受け入れる銀行の財務健全性確保のために、預金準備率を高めたりする、②資本の流入に対して一定期間の中央銀行への一部預託義務を課し、実質的に短期資本の流入を抑制する（チリの例）、③長期的資本の導入をやりやすくするために、その障害を取り除く――などを挙げている。中国でもこうした措置をうまく組み合わせ、規制緩和を段階的に実施していくようにすればよい。

銀行はまず不良資産処理を

もっとも資本自由化を考えるより前に、中国が取り組まねばならないことがある。それは金融機関の体制強化である。中国人民銀行の戴相竜総裁は九八年初めに、「商業銀行の不良債権は三つに分類される。第一は期限（二年以内）の過ぎた貸し出し、第二は二年以上過ぎた貸し出し、第三は企業倒産などで形成された不良貸し出しである。第三の不良貸し出しは銀行資産の約二％、これに第二の期限切れ（二年以上）の貸し出しを加えると、銀行資産の五％から六％になる。さらに第一の期限切れ（二年以内）をも加えると、二五％前後を占める」と語っている[68]。

このほか中国でもノンバンクの経営混乱が指摘されている。特に各地に設立されている投資信託公司（全国で四〇〇社近くある）は経営内容が悪く、巨額の損失を引き起こしているところが少なくない。支払い困難に陥っているところもある。

資本市場の管理を強化するためにも、こうしたバブルのつけをまず処理しておかねばならない。銀行の貸付資金のなかには、政府の意向を受けて採算を度外視して企業に貸し付けてきたものも少なくないだけに、政府も責任を持って対応策を考えねばならない。

第2節　アジア通貨危機から得た教訓

1　香港ドル・ペッグ制の功罪

アジア諸国は軒並み通貨暴落

一九九七年七月にタイ・バーツの変動制移行を契機に表面化したアジア通貨・金融危機は瞬く間にインドネシア、マレーシア、フィリピンなどに波及していった。同年一〇月になると、国際的な投機家は香港に照準を合わせ、株式相場の暴落を引き起こした。香港危うし、と誰もが思った。ところが株式相場は下がっても、香港ドルにまで危機が及ぶことはなかった。一一月には韓国ウォンが変調を来し、さらに九八年に入るとインドネシア・ルピアが暴落した。しかしそれでも香港ドルが切り下がることはなく、ペッグ制も維持された。また周辺諸国の通貨下落で、苦しい立場に追い込まれた人民元もいまのところ切り下げはなんとか回避している。

アジア諸国の通貨が軒並み下落するなかで、なぜ香港・中国だけは危機を免れているのか。あるいは一見すると免れているようにみえるが、実はボディー・ブローが徐々に効き始めており、最後にはダウンしてしまうのか。

いずれにしても今回の通貨・金融危機がどのように中国経済に影響を与えているか、その実態を分析していけば、中国が国際経済とどれだけリンクしているかも自ずと明らかになる。今回の通貨・金融危機から中国が何を教訓にすべきかもはっきりとしてくるはずである。

豊富な外貨準備背景にペッグ制維持

今回のアジア通貨危機が始まってから、香港ドルは投機筋の攻撃を何度か受けた。第一回目は七月一日に行われた香港返還式典の興奮からまだすっかり冷めきっていない時であった。七月一九日には香港ドルが一米ドル＝七・七五香港ドルまで下げ、香港金融管理局は数回にわたって市場に直接介入せざるをえなかった。いったん香港ドルは戻したが、八月半ばには再び投機筋が売り攻勢をかけてきた。このため再度、香港金融管理局は介入していった。金利の急上昇によって株価は下がったが、為替はなんとか持ち直すことができた。

一〇月に起きた三回目はより厳しかった。一〇月二三日には株価が急落、ハンセン指数は八七年のブラックマンデーの時を上回る史上最大の下げを演じ、一万ポイント大台を割り込んでしまった。二七日に再び急落すると、ニューヨークや東京の株式市場にも波及し、国際経済にも大きな衝撃を与えた。ハンセン指数は一時、九〇〇〇ポイントを下回ったほどである。しかしこの時もペッグ制は維持された。当局はとにかくペッグ制の維持が最優先課題であり、株価が下げてもそれは短期的なものでやむをえない、との姿勢を貫き通した。

大きなやま場は乗り越えたものの、その後も決して落ち着いたわけではない。九八年八月に

香港株式相場（ハンセン指数）の推移

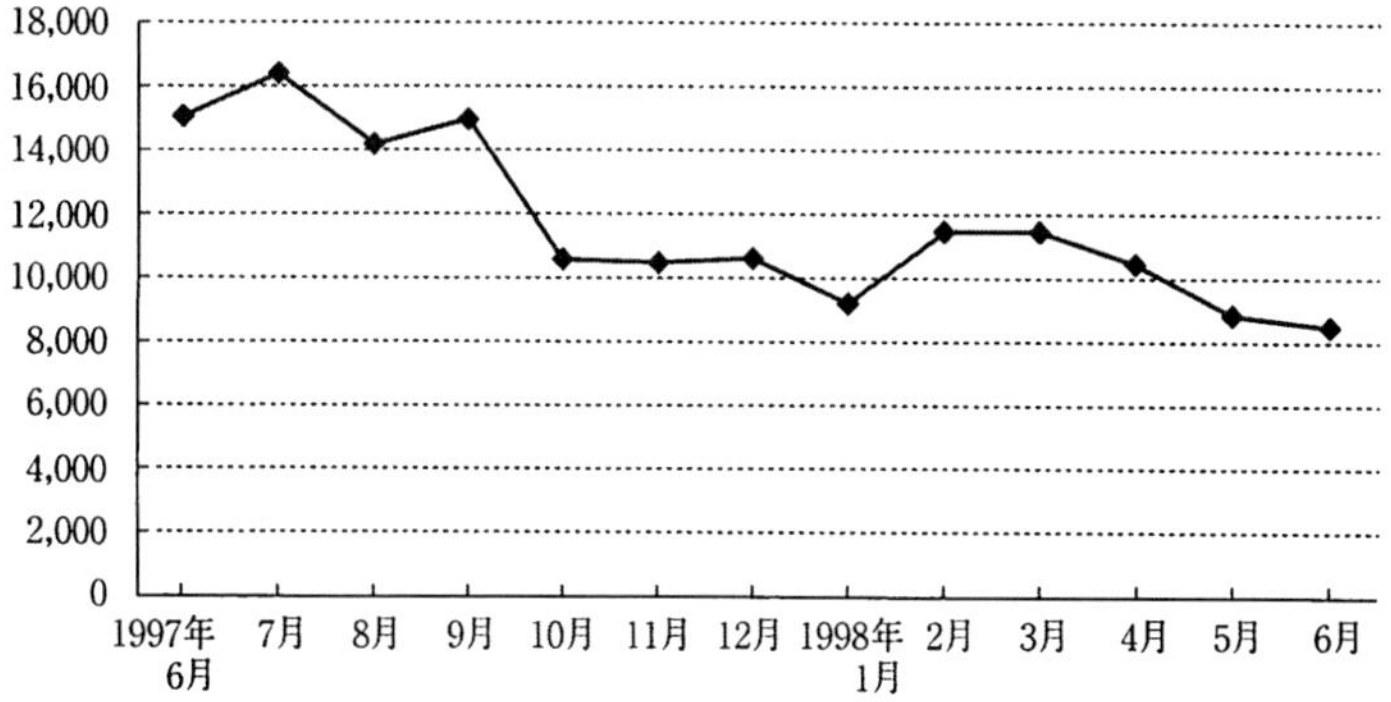

注：月末終値

なって香港経済の減速がよりはっきりし、しかも中国経済が未曾有の洪水被害もあって変調を来してくると、再び投機家が香港市場に目を向け始めた。[69] 株式市場が急落し、香港政府が買い支えに入らざるをえなくなっている。これまで「政府の不介入」が香港の最大の特徴でもあっただけに、香港全体の信任にもダメージを与えかねない。

ドル・ペッグ制のメカニズム　香港ドルがいまのところ相場を維持できているのは、ドル・ペッグ制自体に通貨危機を防ぐメカニズムが備わっているからである。この制度では発券銀行（香港上海銀行、スタンダード・チャータード銀行、中国銀行香港支店）が香港ドルを発券する際には、まず「外国為替基金」に米ドルを預託しなければならない。預託すると、引き換えに債務証書が交付される。その債務証書相当額の香港ドルを発券できるという仕組みである。そして発券銀行が債務証書を香港金融管理局に持っていけば、いつでも一米ドル＝七・八香港ドルの固定レートで償還してもらうことができる。

　こうした制度であるため、タイなどで採用していたドルリンクの制度と違って、市場介入を行わなくても自動的に一米ドル＝七・八香港ドルにほぼ収斂することができる。例えば香港ドルが下落して一米ドル＝七・九香港ドルになった場合のことを考えてみよう。各発券銀行は手持ちの債務証書を香港金融管理局に持ち込んで一米ドル＝七・八香港ドルで香港ドルを売却し、入手した米ドルを外為市場で一米ドル＝七・九香港ドルで売れば、〇・一香港ドルの差益を得ることができる。こうして外為市場で米ドル売りが行われれば、相場は一米ドル＝七・八香港ドルに収斂していく。

　もちろんドル・ペッグ制は万能ではない。外為市場での香港ドル売りが大規模なものであれば、ペッグ制の自動的なメカニズムがいくら働いても、十分に対抗できないこともあろう。その場合には当局が市場介入し、ドル売りに出ざるをえなくなる。

　手持ちのドルが豊富でないと、ドル売りも十分には行えない。もっとも香港は約九二〇億ドル（一九九八年八月末現在）の外貨準備を有している。このほか香港は返還時に一八二〇億香港ドル（約二三〇億ドル）の余剰金も残している。さらにその背後には中国の約一四〇〇億ドルという世界第二位の外貨準備も控えている。香港と中国を合わせて二千億ドルをかなり上回るドルがあれば、香港ドル売りが相当規模に達しても耐えることができよう。実際に香港ドルが相場を維持できたのは、この豊富な外貨準備と余剰金があったからである。

ドル・ペッグ制維持のマイナス効果

確かに当面はドル・ペッグ制を守れるであろう。しかし無理してドル・ペッグ制を維持していこうとすれば、マイナス面も出てくる。マイナス面があまりに大きくなれば、ドル・ペッグ制を維持できなくなる可能性も出てくる。

最大のマイナスは、為替相場維持のために大量のドル売り（香港ドルの回収）をした結果、金利が暴騰したことである。これによってまず株価が暴落した。ハンセン指数は一九九七年八月の最高から同年年末までに三六％も下落した。さらに不動産も三割前後下げている。

当局も株価や不動産のある程度の下げは覚悟のうえでペッグ制維持のためにドル売りをしたわけだが、あまりに下げが大きいと実体経済にも影響が出てくる。資産デフレによって経済成長率が大幅に鈍化してしまう危険性がある。

当局は「香港の不動産価格はこれまで高すぎたので、むしろ下げによって香港の競争力が高まる」と楽観的な見方をしている。しかし周辺国の通貨下落によって、香港の不動産価格はより割高になっている。多少の下げではとても追いつかない。

例えば九八年に入ってから、フランスの航空会社エールフランスが香港にあるアジア太平洋本部をタイのバンコクに移転した。この移転で本部の維持費が七五％も削減されるという。[70]

観光に大打撃

観光にも大きな影響が出ている。九七年は年間で前年比一一・一％減にとどまっているが、これは七月の返還前が好調だったからであり、年後半は惨憺たる状況になっている。七月は前年同期比三五・二％減だった。その後、幾分下落ペースは鈍化してはいるものの、大幅減が続いている。[71]

この大幅減には三つの原因がある。第一は七月の返還で、香港の観光地としての魅力がなくなったことである。英国の植民地であったからこそ、東と西の文化が融合し香港に観光客を引きつける独特の雰囲気を作り出していた。第二は周辺国の通貨安で、香港のショッピングが割高になってしまったことである。それでなくとも香港はこのところ物価の上昇で、以前のように「買い物天国」ではなくなっていた。香港ドルの維持によって、余計に割高感が目立つようになってしまった。ブランドものでも東京で買うのとほとんど差がなくなっている。第三はトリのウイルスで死者が出たことである。

まさに香港の観光は九七年後半以降、三重苦に喘いでいるといって過言ではない。九竜にある豊沢園という高級料理店が閉店したというニュースも伝わってきている。トリのウイルスの問題はなんとか処理できようが、第一と第二の原因は容易には取り除けないだけに、ここ当分、香港の観光は厳しい情勢が続こう。

懸念される貿易への影響

さて問題は貿易がどの程度、これから影響を受けるか、という点である。香港の貿易は九六年以降、輸出の伸びの鈍化が目立っている。特に再輸出の伸び悩みが響いている。このため、貿易収支の赤字が増加の傾向にある。

当局は「香港はサービス産業のウェートが増えている。サービス産業は為替変動の影響を受けにくいので問題は少ない」とみている。確かにそうした面はあるが、それでも周辺諸国の通貨切

香港の貿易

	1994	1995	1996	1997
輸出	11,700(11.8)	13,441(14.9)	13,979(　4.0)	14,559(　4.2)
地場輸出	2,220(−0.4)	2,316(4.3)	2,121(−8.4)	2,114(−0.4)
再輸出	9,479(15.1)	11,124(17.4)	11,857(　6.6)	12,445(　5.0)
輸入	12,507(16.6)	14,911(19.2)	15,355(　3.0)	16,150(　5.2)
貿易収支	−806	−1,469	−1,376	−1,591

単位：億香港ドル、カッコ内は前年比％

り下げの影響は徐々に現れてこよう。

以上のようなマイナス面にどこまで耐えられるか。ボディブローの効き目は予想以上に大きいかもしれない。

2　中国経済へのボディブロー攻撃

中国首脳は繰り返し人民元切り下げを否定

朱鎔基首相は副首相在任中の一九九七年秋から何度も人民元の切り下げはしないと訴えてきた。「自分がいまの職にいる間は切り下げはしない」とも言っている。これは相当の覚悟があっての発言であろう。九八年三月に首相に就任した際の内外記者会見でも「一つの確保、三つの実行、五つの改革」と盛りだくさんの公約を披露したが、その中でも必ず実現しなければならないと強調したのが「一つの確保」、すなわち「九八年は経済成長率の八％を維持し、インフレ率を三％以内に抑え、しかも人民元を切り下げない」という三点セットの政策であった。

九八年もスイスのダボスで世界経済フォーラムが開かれたが、中国から出席した李嵐清副首相がやはり人民元の切り下げを否定し、会場から喝采を浴びた。李副首相は「二〇〇〇年まで年平均八%の経済成長を維持する」「今後三年間に七五〇〇億ドルを国内インフラ整備のための投資に振り向ける」などと強気の発言に終始した。円安が進行する日本に対する風当たりが厳しいのとは好対照であった。

さてこうした首脳の発言をどこまで信じればよいのだろうか。あれだけプライドの高い中国の首脳が重ねて「切り下げない」と言っているのだから、切り下げることはありえないと考えるのが正しいのか。それとも通貨の調整については首脳の発言といえども、食言が許されるのか。

確実に言えるのは、いますぐ中国が人民元切り下げに追い込まれる可能性は極めて低い、ということである。中国は経常取引については自由化しているが、資本取引については依然として国が厳しく管理している。香港の為替市場のように、投機筋が攻撃するような事態は起こりえない。中国がこれまでアジア通貨・金融危機に巻き込まれずにいられるのも、そうした理由による。

だが、貿易や外資導入には確実に影響してくる。中国と国際経済とのリンケージは改革・開放を推進してきたこの二〇年で様変わりに深まっている。アジア通貨・金融危機の影響はいますぐではないが、じわじわと中国にも及んでいく。これが通貨危機の直撃を受けて混乱してしまった東南アジア諸国との大きな違いである。

輸出鈍化は避けられない

まず貿易だが、アジア通貨・金融危機が起きるとともに輸出の伸びに鈍化の兆しがみえ始めた。九七年の輸出は一八二七億ドルで前年比二〇・九%の増加だった。中国の輸出の伸びが二〇%を超えたのは、八〇年代以降ではこれが四回目である。いかに九七年は好調だったかがわかる。貿易黒字も四〇〇億ドルを上回った。

ところが九七年も上半期は二六・三％の伸びだったが、下半期は一七・一％に下がっている。輸出鈍化の兆しが早くも現れたのだ。九八年に入るとさらに鈍化し、五月にはついに前年同月比でマイナスに転じてしまった。九八年は伸び率が一〇％を下回るのは確実で、場合によっては伸び率ゼロといった事態も考えられる。

中国は一九九四年一月に人民元を三三％切り下げた。東南アジアなどからは、この切り下げによって中国に市場を奪われた、と非難する声も聞かれる。

もっとも朱鎔基首相は、そうした批判は事実に反すると言っている(72)。当時は政府レートが一ドル＝五・九元、市場レートが一一元と二本立てだった。そして貿易はすでに八〇％が市場レートで実施されていた。実際に九三年の為替平均レートは八・六元で、いまとあまり変わらない、というわけである。つまり九四年一月の切り下げは政府レートと市場レートを一本化したために切り下げといわれているが、少なくとも貿易については実質的な切り下げはなかったというのだ。

実際には九三年の為替平均レートが一ドル＝八・六元というのは、あまりに元を安く見積もりすぎるかもしれない。当時は外貨調整センター（市場レート）での取引が全体の約六割、残りの約四割は公定レートでの取引だった。したがって実質的な切り下げはなかった、というのはやはり事実に反しており、一五％程度の切り下げ効果はあったはずである。

つまり中国当局は「人民元切り下げ」が競争力回復の切り札になることをよく知っているとい

うことだ。もちろん、中国が九四年以降、輸出を大幅に伸ばしたのは、人民元の切り下げだけでなく、生産性の向上もあったのは間違いない。特に香港から広東省に大量に進出した華僑系企業や他地区の外資系企業の製品が競争力を発揮し、輸出を増やしていった。

朱首相は今回の通貨危機でも企業の生産性を上げれば、なんとか難局を乗り切れると発言している。このほか切り下げの影響をくい止めようと、さまざまな手段を講じている。増値税（付加価値税）の一部還付はその有力な措置のひとつである。増値税は一七％と高いので、地場の輸出企業に対してはそれなりの効果を発揮しよう。

しかしこれらの措置をいくらとっても、今回の周辺諸国の通貨切り下げには追いつかないのではなかろうか。あまりに切り下げ幅が大きすぎる。輸出の先行き見通しは厳しいものにならざるをえない。

まず通貨・金融危機によって東南アジアへの輸出が減ってくる。さらに日米欧向けも東南アジアとの競争が激化してくる。中国と東南アジアとは日米欧向けの商品の構造が類似している。電子、繊維、衣服、玩具、靴・帽子などほとんど同じである。

中国の輸出はかつて一次産品の比重が高かったが、最近では一次産品から工業製品へのシフトが進み、工業製品割合は九割近くになっている。それでもまだ労働集約型が多い。機械・電気、衣服など付加価値の高い製品の輸出は主として外資系に限られている。いますぐに輸出構造は変えられないだけに、苦しくなってこよう。

中国はいま約一四〇〇億ドルの外貨準備を有している。九八年は仮に輸出の伸びがゼロになったとしても、輸出が輸入を大きく上回っているだけに、貿易収支が赤字に転落する可能性はない。しかしいつまでも余裕があるわけではない。九九年には貿易収支の黒字確保が難しくなってこよう。そうなってくると、状況は一変する。約一四〇〇億ドルの外貨準備はあっても、一方では九七年末で約一三〇〇億ドルの対外債務の返済が心配になってくる。確かに短期債務の比率は約一四%と低いので、東南アジアのように一気に外資が流出する心配はないが、債務の総額はインドネシアや韓国とほとんど同じである。しかも対外債務の統計に入っていない債務が香港などに存在するとの説もあり、資金繰りは決して楽ではない。

減り続ける外資導入

中国への外資導入はこの数年、中国の外資政策の転換に伴って大幅に減ってきている。契約ベースでみると、九七年の金額はピークの九三年に比べ、ほぼ半分に落ち込んでいる。特に香港の減り方が大きい。「熱しにくく、冷めにくい」日本もさすがに九六年から減少に転じた。

今回の通貨危機はこうした対中直接投資の減少傾向に拍車をかけている。周辺国の通貨切り下げで、中国の労働コストはこれまでのような優位性を発揮できないからだ。中国は外資導入の急激な落ち込みを防ごうとして、九八年に入ってから各種の刺激策を打ち出している。例えば、九七年春に撤廃した輸入設備の関税免除措置を九八年一月から再び元に戻したりしている。しかしこの数年の減少傾向をくい止めるのは容易ではない。とりわけ香港などの華僑・華人は今回の通貨危機でかなりの痛手を被っているので、対中投資の余裕がなくなっている。日本も国内の不況が深刻で、とても対外進出していくだけの元気がない。

直接投資の減少は資本収支の悪化につながる。これまで直接投資は輸出とともに国際収支黒字、外貨準備急増の二本柱となってきたが、ともに変調を来しつつあるということだ。

八%成長の維持は困難

経済成長率に与える影響も少なくない。中国のある経済専門家は、「中国経済の成長の二〇%前後は輸出がけん引していることを考えると、輸出の落ち込みは国民経済の成長に〇・五ポイントから一ポイントの影響を与えることになろう」と分析している。また海外からの直接投資の減少は固定資産投資の動向に少なからぬ影響を与える。

輸出、外資導入がともに振るわないとなると、残りは消費であるが、これも冷え切ったままである。一般市民の貯蓄性向が極めて強く、消費には容易に回ってこない。なぜなら労働者の一時帰休と企業の収益低下で、労働者の収入がここ当分、大幅に増えることは望めないからだ。しかも社会保障は十分に整備されていない。これでは消費市場が活気を取り戻すはずがない。

政府は財政を出動してなんとか内需を拡大し、八%を維持しようと躍起になっている。例えば九八年の道路建設は投資を追加し、当初予算を五割も上回る大盤振る舞いをしている。[73] それでもいまの情勢では、八%確保は至難の業といえる。達成できずに終われば、不況感が強まってくる。失業の増大など、社会不安の原因ともなりかねない。政府が最も恐れる事態である。

そうなると、中国としても早晩、人民元の切り下げを検討せざるをえなくなってくる。[74] 一気に下げれば批判も起きるので、実際にはなし崩し的に徐々に切り下げていくしか方法はないだろう。アジア通貨・金融危機が一段落していれば、切り下げが周辺国に与える影響はそれほどでもなかろうが、まだ危機が収まらない時であれば、より危機を増幅する結果になろう。

3　香港と中国大陸の経済一体化

香港で中国関連株が暴落

1、2ではアジア通貨・金融危機が香港と中国に与える影響をそれぞれ別個にみてきた。香港は国際金融都市であるので、通貨危機の試練をまともに受けるのは当然であろう。一方の中国は改革・開放以前ならばほとんど影響を受けなかっただろうが、いまの中国は違う。ボディー・ブローがじわじわと効いてきている。

さらにやっかいなのは、香港と中国大陸の経済一体化が急速に進んでいて、今回の危機でも互いに影響を与え合っていることである。香港市場の混乱が中国大陸にも大きな影響を及ぼす。反対に中国経済の不振が香港の混乱をさらにあおったりもする。九七年七月の香港返還は香港と中国を切っても切れない関係にしてしまった。

まず株式市場からみていこう。今回の香港の株式暴落で目立ったのは、中国関連株が大きく下げたことである。九七年八月から同年年末までにH株（香港市場に上場している中国株）指数は四六％、レッド・チップ（香港の中国企業関連株で、中国政府・機関が全体の三五％以上を保有）指数は五三％、それぞれ下落した。いずれもハンセン指数の下げを上回っている。

香港株式市場で新規上場したH株とレッド・チップ株の比率をみれば、香港の株式市場でいかに中国の影響が深まっているか、一目瞭然である。九七年（一二月一八日現在）に香港株式市場に新規上場した企業は七六社あり、合計七九六億香港ドル（一〇三億米ドル）の資金を調達した。[75]そのうちH株は一六社あり、資金調達額は三一六億香港ドルに達している。資金調達額の約四割はH株が占めたことになる。またレッド・チップ株は一一社が三八一億香港ドルを調達している。なかでもチャイナ・テレコム（広東省と浙江省の携帯電話事業を傘下に持つ持株会社）の調達額は三〇三・七億香港ドルという超大型の上場となった。

H株とレッド・チップ株を合わせると、全体の資金調達額の約八七％にも及んでいる。さらに以上の新規上場分に既上場の増資などを加えると、中国関連株の資金調達額は一千億香港ドルを上回ってしまう。九六年にはこの数字がせいぜい二〇〇億香港ドル強だったので、九七年にいかに香港株式での中国の影響力が強まったかがみてとれる。

香港株式市場が投機筋にねらわれたのも、中国関連株の上場ラッシュで香港株式がブーム状態にあり、過熱傾向をみせていたからだ。しかもH株はほとんどが中国の国有企業なのだが、その経営実態は必ずしもよくはない。

国有企業の改革にブレーキ

反対に香港株式の暴落は、中国の国有企業の改革にとってマイナス要因となってしまう。中国はいま、国有企業の改革に本腰を入れ始めている。目指すは米『フォーチューン』誌のランキング五〇〇社に入るような競争力のある大企業をできるだけ多く育てることにある。そのためには将来性のある企業をピックアップし、重点的に改革を進めていく。企業の規模をできるだけ大きくするとともに、企業の体質をも強化していかねばならない。

しかし何をやるにも先立つものは資金である。九七年秋の党大会ではそれまでなかなか決着のつかなかった国有企業株式化の問題を検討し、今後は大胆に株式化を取り入れてもかまわないとの結論に達した。国有企業からすると、特に香港や日本などの株式市場での資金調達に大きな期待が集まった。

実際に、九七年はすでに指摘したように、H株、レッドチップ株の新規上場が急増した。ところが九七年でも上場が簡単にできたのは前半までで、通貨・金融危機で株価が下がってからは難しくなっている。香港だけではない。東京市場に初めて上場を検討していた天津の自動車株は、直前になって延期を発表した。おそらく九八年の資金調達額は九七年の半分にも達しないのではなかろうか。そうなると、国有企業の改革も予定通りには進まなくなる。

九八年一〇月に訪中した際に、国有企業改革を担当している国家経済貿易委員会の劉東生・企業改革司副司長から国有改革の現状について説明を受けた。それによると、「九七年は株式上場によって一三〇〇億元の資金を調達できた。九八年は一千億元の調達を予定している」とのことだった。

注目されるのは、まず第一に、九八年の調達目標額が九七年よりも減っていることである。しかもいまの経済情勢からみてこの目標数字すら達成できるかどうかわからない。第二にここで劉司長が挙げている株式市場からの調達額はいずれも上海と深圳のA株（人民元建て）であることだ。B株（外貨建て）や香港でのH株など、外貨での調達については、一切目標額を提示しなかった。この点を質すと「九八年は海外からの調達は少ないだろう」とのことだった。

香港貿易に占める中国の比重（1997年）

	中国の占める割合
香港の地場輸出	30.2
香港の再輸出	35.6
香港の輸入	37.6

単位：％

香港再輸出の原産地は六割が中国

貿易の面では従来から香港と中国大陸の結びつきは深かったが、別表のように最近はさらに密接度を増している。特に今回の通貨危機では香港の再輸出の鈍化が目立ち、注目が集まっているが、そのカギを握るのはやはり中国である。香港の再輸出の原産地は中国が約六割も占めているからだ。とにかく中国も人民元を据え置いているので、中国から入ってくる産品のコストは変わらない。東南アジア各国との競争に勝つのは容易でない。

香港が先か、中国が先か

破綻が訪れるとした場合、どちらか先にきっかけを作るであろうか。可能性としては国際経済に直接、リンクしている香港の方が高い。しかし中国がきっかけとなる可能性もないわけではない。

間違いなく言えるのは、これだけ一体化が進んでくると、どちらかだけが破綻するというのは非現実的である。一方が破綻すれば、もう一方も連動して破綻してしまう。

九七年の香港返還によって、中国の香港に対する影響力は強まっている。香港はおそらく、単独では香港ドルの切り下げを断行できないはずである。結局北京政府が香港と大陸を含めて、どのように決断していくかにかかっている。

4　通貨危機を防ぐには

安易な国際化はかえって危険　いずれにしても中国がこれほどまでに、国際経済の影響を受けるのは初めての経験である。今回も当初は中国には関係ないと楽観視していたフシがみられる。しかし次第に事態が容易ならぬことに気がつき始めた。

九七年一〇月末に日中経済協会訪中団が李嵐清副首相と会見しているが、その席で李氏は「世界の経済がグローバル化し、各国が互いに影響し合う趨勢は明らかである。かつてニューヨークで発生した株価暴落の影響はアメリカにとどまっていた。その後のメキシコの金融危機の影響もアジアには及ばなかった。しかし最近のタイから始まった金融通貨不安は、東南アジアから米国、欧州まで影響の及ばないところはなかった。こうした情勢下で、中日にとってどのように協力を強化し、世界経済の健全な発展を推進していくかが重要な検討テーマである。中日の関係強化の緊迫性はますます増している」と発言している。中国がこれほど率直に経済のグローバル化について言及したのは、この時が恐らく初めてではなかろうか。

中国は今回の通貨危機で多くのことを学んだ。なかでも最大の教訓は安易に国際化を進めれば、国際経済の巨大な力にひとたまりもなく潰されかねないということであろう。国際化が遅れていることが中国を助けた、というのは皮肉な結果ではあるが、紛れもない事実でもある。

しかし中国が今後、国際化に背を向けるのは得策ではない。国際化によって中国が得る利益は大きい。中国がさらに発展していくためには、やはり国際化が避けては通れない。問題はどのようにして国際化を進めればよいか、はたして中国型の国際化が可能なのかどうか、である。

やや大胆に予測すれば、香港のドル・ペッグ制はいずれ変更を余儀なくされよう。香港でもペッグ制をはずすべきだと主張する立法議会の議員がいる。中国も今回の危機が発生する前に、ある銀行関係の有力者が「返還の移行期にはペッグ制を動かせない」と述べ、いずれははずすことを示唆していた。ただ香港の議員も「いまからでは遅すぎる」と注釈をつけている。中国ももちろんいまはペッグ制変更の構想を持ち出すわけにはいかない。多少の副作用があっても、ひたすらペッグ制の維持に務めるしかない。しかし危機が一段落すれば、ペッグ制のあり方に関する議論が出てくるのは間違いない。

香港のドル・ペッグ制は人民元の交換性の問題とも絡んでいる。中国はできるだけ人民元の交換性を早期に実現し、その際に香港のペッグ制についても手直しを加える可能性が強い。そうすれば、中国大陸も香港もドル依存の体制を軽減していくことができる。中国大陸と香港を一体的にとらえ、中国独自の新たな通貨システムを模索することこそ、いま中国が取り組まねばならない重要な課題である。

第4章　マクロコントロール型の政治改革

第1節　人的往来の活発化

1　冷めない海外留学熱

三分の一が国外留学　中国から海外への留学生は一九八九年の天安門事件の影響で九〇、九一年は減ったが、その後はうなぎ登りに増えており、天安門事件前の水準をはるかに超えている。

九八年の北京大学を例にとると、[76] 化学科は一七〇名の卒業生のうち、六〇名が出国を申請した。同様に物理科は八〇名のうち四〇名、生物科は一四〇名のうち四五名がそれぞれ出国を希望した。全校では六〇〇名にも達したという。物理科のように多い科ではほぼ半数、平均でも三人に一人は海外に出ていくことになる。

　八〇年代に入ってからの海外留学生は累計ですでに二七万人に達している。このうち九万人が帰国したが、残る一八万人は依然として海外に残って現地で仕事に就いたり、あるいは大学で引き続き研究を続けている。

中国の留学生

年	1987	1988	1989	1990	1991	1992	1993	1994	1995	1996
海外留学生数	4,703	3,786	3,329	2,950	2,900	6,540	10,742	19,071	20,381	20,905
帰国した留学生数	1,605	3,000	1,753	1,593	2,069	3,611	5,128	4,230	5,750	6,570

単位：人
出所：『中国統計年鑑』

留学は国家派遣、各機関（政府機関や企業など）派遣、自費の三つに分けられる。このうち国家派遣は四万四千人のうち三万七千人が帰国しており、帰国率は八割を超えている。各機関派遣も八万六千人のうち四万八千人と五割は維持している。問題は自費留学生である。一三万九千人のうち、帰国したのはわずか四千人でしかない。帰国率は三％にも満たない。

中国政府からすると、こうした実態は必ずしも歓迎できないかもしれない。中国の大学がせっかく国の財政資金を使って育成した学生を、外国に持っていかれてしまう。大学が持っている学術思想や研究成果も流出してしまう。中国の大学は外国のために奉仕しているのか、との批判の声も出てくる。

外国企業のなかには大学在学中から奨学金を給付し、優秀な人材の確保を目指しているところも少なくない。理科系大学として有名な清華大学には一〇〇種近い奨学金があるが、このうち外国企業によるものが半分以上を占めている。北京大学でも総額四〇〇〇万元（約六八〇〇万円）の奨学金のうち、外国企業によるものが三〇〇万元にも達しているという。これら外国企業にはモトローラ、ベンツ、ソニー、三星など世界に知られた企業が名を連ねている。

中国の研究体制の遅れ

逆に言えば、中国ではせっかく大学を卒業した優秀な人材を受け入れる場がまだ十分に形成されていないということだ。文化大革命の頃にはいわゆる知識分子は迫害の対象にさえなった。当時に比べれば知識分子に対する待遇はかなり改善されたとはいえ、いまだに後遺症は残っている。それに改革・開放で国力はついてきたとはいえ、まだ財政的にも余裕はない。また企業レベルでも科学研究に十分な資金を投入できるだけの蓄積がない。

科学研究の体制にも問題がある。研究所の数は決して少なくない。例えば鉱山資源開発では、地質鉱産省系統に一六の研究所があるだけでなく、他の冶金工業省、石炭工業省といった系統にも一〇余りの研究所がある。ところがそれぞれが閉鎖的で協力関係が確立していない。しかも同じような研究をやっている。

若者が国外に行ってしまうため、国内の各大学の先生や各研究所における研究員の老齢化も目立っている。北京大学では先生の平均年齢が五六歳にも達している。若手の研究者の不足がどこでも深刻になっている。

こうした現状を考えれば、大学を卒業した学生たちが外国に大量に流出してしまうのもやむをえない。政府は優秀な人材の流出を嘆くよりも、まず自国の研究体制の整備、充実に力を入れた方がよい。

しかし若手研究者の海外流出をそれほど嘆くことはない。海外へ出ていった学生のほとんどは、いずれは中国に帰ってくる。中国国内の体制が整うにつれ、帰国する学生の数は増えてくる。しかも海外の先進的な技術や経験を携えて帰ってくる。その効果は長期的に見れば、計り知れないくらいに大きい。

それでもなお海外に残っている学生も、中国と無関係で過ごすことはなかろう。ビジネスなど何らかの形で本国とのかかわりを持とうとする。中国のネットワークがそれだけ海外にも広がるということだ。

アモイ大学は帰国率が八割

実際にこの数年は留学生の帰国が多少は増える傾向にある。一九九七年一月に国家教育委員会（現在の教育省）と人事省の共催で「全国留学回国工作会議」が開かれた。この会議での報告によると、最近は帰国者が年一三％以上の伸びをみせているという。同会議では「支持留学、奨励帰国、往来自由」の方針を打ち出し、留学生の帰国促進にこれまで以上に力を入れていくことを申し合わせた。

福建省のアモイ大学のように海外留学生の帰国率が八割前後というところもある。[77] 同大学では教師の六分の一が帰国留学生で占められている。また蘇州では帰国留学生が合計で一八の会社を興しているという。[78] これら企業の合計資本金は一万ドルにものぼる。帰国留学生を受け入れる環境や体制が整っていれば、留学生も帰ってくるはずである。

「米国で会おう」が合い言葉

留学先として人気があるのはもちろん米国である。中国の有名大学、特に理科系では、「米国で会おう」が卒業生の合い言葉になっている。これは別に大げさな言い方でも何でもない。事実なのである。特に最近は日本よりも米国を好む傾向が顕著で、日本への留学生は肩身の狭い思いをしているようだ。中国の若手指導者や政策ブレインのなかにも米国留学生が増えており、中央指導部の政策決定にも大きな影響を与え始めている。

欧米重視は国家派遣の留学生の募集要項にもはっきり現れている。教育省の下部組織である「国家留学基金管理委員会」の九八年度の募集要項をみると、人員は合計二千人（うち高級学者

中国人の主な留学先

留学先	年	学生数
米国	1995-96	72,315
日本	1993-94	23,291
ドイツ	1993-94	5,821
カナダ	1993-94	3,241
オーストラリア	1993	2,557
英国	1993-94	2,089
フランス	1993-94	1,508
ベルギー	1993-94	711
スウェーデン	1993-94	552
オーストリア	1994-95	534

単位：人
出所：『ユネスコ文化統計年鑑』1997年版（原書房）

四〇〇人、一般学者一三五〇人、研究生二五〇人）だが、そのうち「北米、欧州、大洋州が全体の七五％」と明記してある。アジア・アフリカ・ラテンアメリカは残りのわずか二五％でしかない(79)。

国交正常化以来一〇万人が留学

だが、日本でも最も多いのは中国からの留学生である。

中国政府が初めて日本へ留学生を派遣したのは一八九六年といわれている(80)。上海、蘇州近辺の学生一三名が新任の駐日公使に連れられて海を渡ってきた。当時の日本の文部大臣は西園寺公望氏だった。ほぼ一〇〇年前のことである。

二〇世紀初頭には日本への留学がブームだった。一九〇五年ごろには少なくとも八千人はいた。二万人という説もある。一八九六年から戦争のひどくなる一九三七年までの約四〇年間に留学生は総計で約一〇万人にも及んだ。もちろん欧米への留学生を圧倒的に上回っていた。これら日本への留学生が中国近代化をはかるうえで、大きな役割を果たしたのは周知の通りである。

戦争後は一九七二年の国交回復がきっかけとなって、再び日本に留学生がやってくる。特に中国で一九七八年に教育省から通達が出て、自費留学の制限が緩和されたのがはずみとなった。一九八六年には約四四〇〇人と初めて台湾からの留学生を上回る。さらに一九八九年には初めて一万人の大台を突破した。

九七年五月一日現在では約二万二三〇〇人と全体の約四四％を占め、韓国（約二三％）、台湾（九％）などを大きく引き離している。[81] この二〇年余りの間に約一〇万人が来たことになる。実際にはこのほかに「就学生」という語学学習の学生たちが上海などから多く日本へ来ている。ところがビザ手続きや学費などをめぐるトラブルが発生し、その後は急減している。九七年は一万八七〇〇人で、九三年の三万三千人に比べると、半分近くに減っている。[82]

このように在日留学生の歴史は幾多の変遷を経てきている。次第に増える傾向にあるのは間違いないが、米国には大きく水をあけられている。二〇世紀初頭のように日本が中国人留学生のメッカになるのは難しいとしても、少なくとも留学生の数が純減しないように受入態勢を整備する必要がある。

二万二三〇〇人（一九九七年五月一日現在）のうち、なんらかの奨学金を受けているものは約六一％とかなり多い。また約六九％が授業料の減免措置を受けている。九八年には「アルバイト制限」の緩和措置もとられた。これまでは一日四時間という制限があったが、これが一週間で二八時間に改められた。時間数では同じだが、週単位にすれば、週末などにまとめてアルバイトをすることが可能となる。このようにいくつかの改善措置はとられているが、それでもまだ魅力的な留学先とはなっていない。

2 ビジネス交流も広がる一方

私用での出国も激増　中国人の出国はなにも留学生だけに限らない。最近は出国手続きがやや緩和され、観光などによる海外旅行の数も急増している。研修で長期間、海外に滞在する中国人も増えている。

一九九六年に私用での出国を認められた中国国民は延べ一四八万五千人で、前年比五三・一％も増えた。(83) 申請したうちの九七・五％が許可されたという。不許可となった三万七千人という数字は決して少なくはないが、これまでの中国のことを考えれば大いなる変化といえよう。

行き先としては米国、タイ、日本、韓国の順である。留学生同様に米国がトップであることは注目に値する。このほかにも台湾に五万一千人、香港・マカオに八五万九千人が私用で訪れている。

さらに海外に移住した中国人は、改革・開放以降だけで一〇〇万人余りもいる。ほとんどは移住先の国で長期の「居留権」を取得し、新しい華僑として活躍している。正規のルートを通さずに、不法出国した中国人を含めれば、この数字はより大きいはずである。

日本で活躍する中国人　日本には永住、定住のほか、留学、研修などさまざまな目的で九七年現在、合計二五万人の中国人が滞在している（一六八頁の表）。その数は一〇年前に比べると、ほぼ倍である。

なかでも最近は永住、定住の形で日本に住み着いている中国人の活動が、各分野で目立っている。特に注目されるのは、大学の教授・助教授や研究所研究員に中国人が増えてきたことである。『在日中国人大全』（一九九八～九九年版）によれば、九七年末現在、日本の大学で教授の職にある中国人は四〇人を超えている。このうち留学生からそのまま日本に残って教授になったものは一〇人余り、中国から直接日本に来て教授になったものは三〇人余りである。さらに助教授になると、三〇〇人もいる。二〇〇〇年には教授が一〇〇人、助教授が四〇〇人、合わせて五〇〇人に達する見通しだ。日本の名だたる研究所でもほとんどが一人や二人の中国人研究者を抱えるようになっている。

こうした研究者の役割は年々大きくなってきている。中国人が日本語で書いた書物も結構多い。特に経済関係のものが多い（次頁表）。九七年は一年間で四〇人余りの研究者が合計五〇余りの書籍を発行したという。中国との直接のつながりを利用して情報を集めているので、日本人研究者ではとても書けないような内容のものが少なくない。

研究者のなかには中国から追われるようにして日本に渡ってきた反政府色の強い者もいる。あるいは日本の自由な研究の環境を求めてやってきた者もいる。こうした研究者は本国ではとても不可能な大胆な発言をしたり、批判的な書物を書いたりしている。

しかし最近は基本的には中国政府の方針の枠内ではあるが、新鮮な角度からさまざまな発言や分析をしたりする研究者も増えている。テレビの深夜討論に出て、堂々と自説を述べる教授や研

中国人の主な日本語著書（経済関係）

王曙光	中国経済五つの誤解	ダイヤモンド社	1996
王玲	中国投資ガイドブックQ＆A	中央経済社	1994
黄磷	中国内陸地域の系境発と投資環境	日中経済協会	1996
夏占友	中国の経済と経営	ダイヤモンド社	1993
季衛東	中国の開発と法	アジア経済研究所	1992
金泓汎	中国経済圏	サイマル出版会	1995
厳善平	中国経済の成長と構造	勁草書房	1992
呉軍華	華南経済圏　開かれた地域主義	アジア経済研究所	1992
孔健	孔子の経営学	PHP研究所	1994
朱炎	華人ネットワークの秘密	東洋経済新報社	1995
朱建栄	江沢民の中国	中公新書	1994
張風波	中国マクロ経済分析	有斐閣	1989
馬成三	中国経済の国際化	サイマル出版会	1995
莫邦富	一二億人の市場を狙え	河出書房新社	1995
李林	多国籍企業と中国	有斐閣	1991
劉永鴿	日本企業の中国戦略	税務経理協会	1997
劉敬文	中国消費革命	日刊工業出版社	1997
劉進慶	中国経済の新局面	法政大学出版会	1990
凌星光	中国の経済改革と将来像	日本評論社	1997
彭晋璋	華人経済の世紀	プレジデント社	1993

出所：『在日中国人大全』から抜粋

究者もいる。日本人ではなかなかわかりにくい中国政府の政策をわかりやすく解説してくれたりして、大いに参考になる。

新聞発行やビジネスも

日本での新聞発行も花盛りである。日刊紙の『時報』をはじめ、『中文導報』、『留学生新聞』、『連合新報』、『東方時報』などさまざまである。合計発行部数は約一〇万部といわれている。主な読者はもちろん在日中国人だが、日本人の読者も少なくない。

インターネットを活用した情報提供も中国人によって始められている。「中国論壇」はそのひとつである。「NIFTY SERV

E」のなかにフォーラムを設け、中国ホテル事情、中国関連のイベントなど豊富な情報を流している。九八年三月現在で約七三〇〇人の会員を擁しており、在日中国人同士の情報交換だけでなく、日本人との間の交流拡大にも役立っている。

日本でビジネスを始める中国人も増えている。その数も一千件を超したといわれている[84]。ソフト開発、国際貿易、不動産、気功・針麻酔など業種もいろいろである。なかには年間数億円の売上を持つ会社も登場している。

研修者の数も目立って増加

中国からの研修者の数も増えている。法務省入国管理局の外国人登録者数によると、九七年の中国からの研修者は約一万四三〇〇人（次頁表）で、インドネシア、フィリピンなどを大きく上回っている。全体に占める割合は約五五％である。日中合弁企業などの具体的な案件が動き出し、中国から日本企業に研修に来るケースが増えているのだろう。しかも中国経済は量から質に転換しつつあり、日本の技術や管理ノウハウに対する関心が高まっている。

また国際協力事業団（ＪＩＣＡ）などが受け入れている研修生（一般企業が独自に受け入れている研修生は含まず）も九六年までに合計一万九千人余り（次頁表）に達している。

中国人の外国人登録者数の推移

	1993	1994	1995	1996	1997
登録者数	210,138	218,585	222,991	234,264	252,164
永住者	26,065	27,381	28,253	30,376	32,899
定住者	26,267	28,382	30,653	33,578	36,941
研　修	9,575	9,711	9,610	11,449	14,372

単位：人
出所：法務省入国管理局

中国研修生の機関別受け入れ実績（1996年までの累計）

政府ベース	7,702
JICA（国際協力事業団）	7,677
UNIDO（国連工業開発機関）	25
民間ベース	11,345
AOTS（海外技術者研修協会）	10,877
ILO（国際労働機関）	395
その他	73
合　計	19,047

単位：人
出所：通産省「経済協力の現状と問題点」平成9年度版

第2節　インターネットは普及するか

1　改革・開放の最終局面

もうひとつの重要な改革　一九七九年に始まった中国の改革・開放政策は、約一五年間続いた実験段階からいよいよ本格的な展開期に入ってきた。当面の最重要課題は赤字に悩む国有企業の改革と財政・金融政策を中心としたマクロコントロールの確立であろう。いずれも改革の及ぶ範囲が広く、社会経済の根幹ともかかわってくるだけに、完成までには相当の時間を必要とするだろう。だが中国の改革・開放が最終的に成功を収めるには、もうひとつの重要な改革が残っている。それは「情報」分野の改革である。

もちろん改革・開放政策を進めるなかで、それ以前に比べれば「情報」は量的にも質的にも改善されてきた。新たな新聞や雑誌が数多く発刊され、特に経済関係の情報量は飛躍的に増えた。それでも必要な情報がいつでも手に入るわけではない。もともと社会主義国では「情報」管理が厳しく、改革が最もなじみにくい分野である。中国でも「情報」の管理には必要以上に神経を使い、体制批判などが出ないようにさまざまな手段を講じてきた。

しかし「情報」は市場経済を働かせる潤滑油の役割を持っている。中国が市場経済のシステムをより効果的に発揮させていこうとするならば、これまでの「情報」管理の体制を改め、もっと素早く、しかも制限なく「情報」を流すようにしなければなるまい。例えば株式市場にしても健全な発展のためには、企業の経営内容に関する十分な情報公開が不可欠である。また中国が国際化をさらに進め、国際経済の輪の中に入っていけばいくほど、国際経済は中国に対し「情報」の公開を求めてくるだろう。

情報ツールが厚い壁を突き崩す

いま中国ではパソコンやインターネットがものすごい勢いで普及している。「情報ネットワーク」もあちこちで形成され始めている。情報ツールの急速な進歩が、「情報」管理の厚い壁を少しずつ崩していくのは間違いない。しかしいますぐ音をたてて崩れ去るかというと、そうではない。中央指導部は厚い壁の崩壊が社会主義体制そのものの崩壊につながることを極度に警戒している。体制に不利な情報は極力、隠そうとする。

かくて情報公開を求める側と情報を必死になって守ろうとする側との激しいあつれきが生まれる。パソコンやインターネットが普及すればするほど、そのあつれきは激しさを増していこう。

2 情報革命の進展

パソコンの普及

中国のパソコン市場が急拡大している。一九九六年のパソコン売り上げ台数は二一〇万台で、前年比八二・六%の大幅な伸びとなった。ソフトなどを含めた全体のコンピュータ市場（販売総額）は九二〇億元（前年比四九・六％増）に達している。九七年には売上台数がさらに増え、三〇〇万台に達した。

いまやアジアでも日本に次ぐ売上台数である。『チャイナデイリー』によると、アジアでの中国のシェアは約三五％に達しているという。[85] 豪州や韓国、インドなどが中国の後を追っているが、差は開く一方である。

機種別にみると、九五年まではコンパックやＩＢＭといった外資系が上位を占めていたが、九六年は「聯想」という国産メーカーが外資系を抜いて販売台数でトップに踊り出ている。また「長城」「同創」などの国産メーカーも健闘している。

九六年の国内生産台数は一〇五万台で、初めて大台を突破した。しかもこのうち二割余りが輸出に回されている。

コンピュータ関連の輸出はアジア通貨・金融危機にもかかわらず好調である。九八年上半期は四五億一千万ドルと前年同期を約七三％上回った。[86] 輸入も増えているが、それでも約二三億ドルの黒字となっている。

一般家庭での購入はいまのところ少ないが、ある調査によると、大中都市では家庭の約半分がいずれ購入したいとの意向を持っている。今後さらに爆発的に需要が伸びる可能性は十分にある。二〇〇〇年のコンピュータ市場は販売台数が六〇〇万台、販売額では二千億元を超える巨大市場に発展すると予測されている。

中国のシリコンバレー

北京や上海の百貨店でもパソコン売場が新設され始めている。価格は中国の収入からすると相当高いはずだが、それでも結構にぎわっている。ソフトでは教育関係のものが多い。

中国のシリコンバレーと呼ばれているのが北京郊外の中関村である。南北に約一〇キロにも及ぶ一帯には、コンピュータ関連のさまざまな店や研究所などが集まっている。その中心にあるのが「海淀試験区」で、広さは約一〇〇平方キロ。ここには中国科学院など二三二の科学研究機構、北京大学、清華大学など七三の大学・専門学校が置かれている。技術者は約三八万人、学生（専門学校以上）は三〇万人余りである。同区にはコンピュータ関連の企業が九六年現在で約四五〇〇社もある。そのうち生産高が一億元を超す企業は聯想、方正、紫光、四通など、九六年で二八社に達している。(87)

弱点はソフトウェア不足

弱点はまだソフトウェア産業が育っていないことであろう。約五〇〇〇万台を超えるコンピュータの所有者は魅力的なソフトを求めている。九六年のソフト産業は九〇億元で、対前年比では三二％増を記録した。それでもまだまだ少ない。

ソフトを扱う国内の企業は北京や上海を中心に千社を超えているが、ほとんどは従業員五〇人以下の弱小企業ばかりなのが現状である。一九九五年以降、ＩＢＭ、ロータスといった世界のトップメーカーが中国語バージョンを開発して中国に乗り込んできている。いまや市場の六割近くを占める勢いだ。九七年春には上海市がマイクロソフト社と契約を交わし、ソフトウェア分野での協力関係を結んだ。上海市はマイクロソフト社が上海で「ソフトウェア開発センター」を設立するのを手伝うことになるという。

中国のコンピュータ技術者も着実に増えてきている。一九九四年から始まった全国コンピュータ等級検定試験には、九六年までに二六万人が受験し、一〇万五千人が合格している。こうした技術者が増えていけば、自前のソフトウェア開発も急速に進んでいこう。

インターネットも急拡大　中国は一九九五年六月からインターネットへのアクセスを一般に開放した。しかし加入者は九五年末でわずかに二二〇〇件、九六年九月段階でも一万一千件にしかすぎなかった。ところがその後、加入者は一気に増え、九六年末で約一〇万件、九七年末で六二万件、さらに九八年七月には一一七万五千件とついに一〇〇万件大台を突破してしまった。これは予測を遥かに上回る大変な伸びである。加入者が一〇〇万人といっても、実際にはその三倍から四倍、つまり三〇〇万人から四〇〇万人がインターネットを利用しているとみられる。

中国のインターネットは「CSTNET」（中国科学研究ネット）、「CERNET」（中国国家教育科研ネット）、「CHINA　GBNET」（電子部ネット）、「CHINA　NET」（郵電部ネット）の四つのネットがつながっている。このうち「CHINA　GBNET」と「CHINA　NET」の二つが一般の法人ユーザーや個人ユーザーに回線を提供している。

インターネットの接続業者であるプロバイダーは北京だけで三〇社（一九九七年春現在）を超

えている。全国では数百社はあるようだ。加入者は名刺に電子メールのアドレスを印刷するのが流行にもなっている。

ホームページも当初は電子工業省や『人民日報』などごくわずかだったが、「YAHOO中国版」を開いてみると、約六千件（一九九八年八月現在）のホームページが登録されている。このうち香港が約一二〇〇件入っているので、大陸だけでは約四八〇〇件となる。なかでも「商業と経済」関係は約三五〇〇件と多い。各企業が競ってホームページを開設し始めているからだ。経済開発区もほとんどが開いている。

新聞関係は約八〇社が開いているが、なかでも人民日報社の情報は充実している。『人民日報』はもちろん、『市場報』、『チャイナデイリー』など同社が発行しているほとんどの媒体を公開している。人民日報は当日紙面の主要内容を掲載しているし、過去にさかのぼってみることもできる。特に便利なのは検索機能が備わってきたことだ。新聞としての『人民日報』は一時に比べ発行部数が激減しているが、インターネットにホームページを持つことによって、新たな読者を獲得できた。

「人民日報ホームページ」は利用者も一日平均で八万人と多い。(88) 国内だけでなく、海外の華僑や中国人留学生たちの利用も多い。九七年秋の党大会のころはヒット数が一日五〇万件を超えた日もあったという。

利用料金はまだ割高　一九九七年五月にはインターネット技術に関する初めてのシンポジウムが開かれた。その席で郵電省の責任者は近くインターネットの使用料金を一カ月七〇時間で三〇〇元に引き下げると言明している。郵電省が運営している「CHINA NET」は、これまでは六時間当たり一〇〇元、あるいは四〇時間当たり六〇〇元だったので、かなり思い切った値引きとして注目された。実際には九八年八月現在で「一カ月七五時間で三〇〇元」の料金体系となっている。[89]そのほかのプロバイダーも各種の料金体系をとっているが、基本的には似たり寄ったりである。

郵電省は急増するインターネット需要に対応して、「CHINA NET」と他のインターネットサービスを最近になって連結し、より使いやすくした。またアクセスポイントを全国に広げることも検討している。九八年八月現在では全国三一省市の二三〇の都市にアクセスポイントを広げている。

それでもなお中国の利用者からみると、使用料金は高い。ある調査によると、利用者は月収四〇〇元以下が九・七%、四〇〇元から一千元が三九・九%、一千元から二千元が三二・四%、二千元以上が一八・〇%となっている。[90]つまり月収が四〇〇元から二千元までのごく一般の市民が全体の七〇%以上も占めていることになる。仮に月収が二千元としても、インターネット使用料として毎月三〇〇元を支出するのは大変である。

電話回線でなく、直接接続の方法にすると、一カ月で五万元はかかってしまう。とても個人では入れない。それでも接続時間に制限がないので、法人を中心に三二万五〇〇〇件の加入がある。インターネット加入者はすでに一〇〇万件を超えてはいるが、一二億人の人口を考えればまだまだ少ない。これからさらに全国に普及していくには、料金をより安くする必要があろう。

携帯電話・ポケベルの普及

中国でも数年前から携帯電話が普及し始めている。街角では若い女性がいかにも自慢げに携帯電話を使っている。それでもまだ一種のステータス・シンボルにしかすぎず、一般庶民にとっては高嶺の花だった。

ところが九七年は爆発的な売れ行きをみせた。九六年末の携帯電話保有者は一〇〇万人でしかなかったが、九七年末には四倍の四〇〇万人まで急増した模様だ。業界関係者は、二〇〇〇年には七二〇万台から八六五万台にまで増えると予想している。

中国の商業・経済関係のホームページ数

インターネットサービス	(681)
コンピュータ	(278)
工業用品	(218)
健康・医薬	(159)
エレクトロニクス	(157)
服装	(114)
金融サービス	(109)
建設	(95)
化学工業	(82)
観光	(80)
電子通信	(70)
貿易	(68)
食品	(66)
自動車	(54)
交通運輸	(52)
百貨店	(52)
飲料	(45)
住居・家庭	(42)
小売り・卸売り	(36)
嗜好	(31)

出所：『YAHOO中国版』（1998年8月16日）から上位20項目を抜粋

一挙にこれほど普及し始めたのは携帯電話の価格が引き下げられたからだ。当初は一台当たり二万元以上だったが、いまでは一万元以下に下がってきている。九七年春には携帯電話を取り扱っている「BEIJING MOBILE TELECOM」と「CHINA UNICOM」の二社が同時に一台当たり一千元の値下げを発表した。『チャイナデイリー』紙によると、「CHINA UNICOM」は携帯電話のメーカーに対してできればさらに六千元まで下げられないか、打診しているという。

通常の回線による電話網も全国に広がってきた。電話普及率（一〇〇人のうち電話にアクセスできる人数）は九七年三月末現在で六・六八％となっている。農村部でも全国で一三〇〇万台に達している。農家の六割以上が電話を持っている「電話村」が全国で九五七二個所あるという。もちろん八億人もの農村人口からみればまだ多いとはいえないが、この間の普及ぶりは驚くばかりである。

つい五、六年前までは、一般市民が家に電話を設置することは一部の幹部を除いて皆無に近かった。一般市民が電話をするには、近くの公衆電話まで出向かねばならなかった。しかも夜遅くになると、カギがかけられてしまう。いざという時に緊急連絡しようとしてもできなかった。

もっとも携帯電話についても遅れた制度の存在が普及を阻んでいる面がある。仮に携帯電話の本体が値下げによって六千元になったとしても、実際に使うにはそれ以外の諸費用が約三千元かかるという。このコストはなかなか安くならない。

それでもこれまで中国の二つの電信電話会社にしか認められていなかった携帯電話の販売体制

にも風穴が開き始めた。九七年初めに外資系の電信電話会社が販売カウンターを設置し、指定された機種という制限付きだが自社の携帯電話を売ることも可能になった。

3　情報革命が経済発展に与える影響

金字プロジェクト

情報化の進展を経済発展にも役立てようとの考え方はすでに一九九三年ごろから芽生えている。同年末には「国家経済情報化合同会議」が成立し、「統一計画、共同建設、統一規格、専用・汎用結合」という基本方針を打ち出している。同時に情報網を築くための具体的なプロジェクトも動き出した。各プロジェクトにはいずれも「金」の文字がついているため、「金字プロジェクト」ともいわれている。例えば公衆用経済情報網を築く「金橋プロジェクト」、貿易情報網を築く「金関プロジェクト」、電子通貨の実現を目的とする「金触プロジェクト」、さらには金融体制改革に呼応する「金税プロジェクト」、工業生産・流通の情報システムを作る「金企プロジェクト」、教育研究電算機網を作る「金智プロジェクト」といった具合である。

九七年四月には深圳で「全国情報化工作会議」なるものが初めて開かれた。政府を代表して鄒家華副首相が挨拶に立ち、「国の情報化を積極的に推進し、国民経済の持続的、急速、健全な発展と社会の全面的進歩に役立てる」よう求めた。第九次五カ年計画（一九九六〜二〇〇〇年）でも情報化は重要な目標のひとつとされ、二〇〇〇年までに「一定の規模の初歩的だが比較的全面的な情報化体系」を作り上げることになっている。

各分野に浸透する情報ネット

つい最近まで中国ではコピー機すらそれほど普及していなかった。会議でも参加者はひたすらメモをとるしかない。指導者のスピーチとなると、みな一斉に下を向いてペンを走らせる。異様な光景であった。

それがいまや一足飛びにコンピュータの時代に入ってきた。例えば企業誘致の案内はインターネットで「中国経済貿易協力情報ネットワーク」のホームページを開けば、国内各地の一万件近くのプロジェクトが入力されている。メール機能を使えば相手側の意向を確認することもできる。北京の清華大学では、中国の材料研究に関する専門的な情報ネットワークを最近になって作り上げた。外国の研究動向なども知ることができる。山東省・青島近くの農村では、農業技術に関するデータバンクが形成されている。すでに一年ほどの間に約一千万件以上のデータを蓄積したという。農業技術関連の雑誌や新聞ももちろん、入っている。一日約三千回のアクセスがあるというから、それなりに利用されているようだ。

「中国経済情報網」（ＣＥＩネット）と呼ばれる大型な情報ネットワークも九六年末に運用を開始している。このネットは国家情報センターと各省の情報センターが協力して作り上げたもので、マクロ経済指標、各種展示会や投資に関する情報など幅広い経済情報を網羅している。

北京にある五六のホテルの予約もインターネットでできるようになる。このプロジェクトは政府も後押ししており、中国への観光客を増やす手立てにしようとしている。

崩れ始める伝統的な経済システム

中国経済は「ぶれ」の大きいのが悩みの種だった。政府が「成長発展」をぶち上げると、経済界全体が一斉に走り出す。しばらくすると経済は過熱気味になってくる。ところが政府は実体経済をしっかり把握していないため、対策が後手に回る。過熱も極まったところでようやく引き締めに転じる。そうすると経済界は過剰に反応し、今度は極端な不景気になってしまう。それもしばらくは気がつかない。経済成長がゼロに近くなってようやく景気回復策に乗りだす。

こうした繰り返しは結局、情報の不足に大きな原因があった。政府は正確な経済の実態をいち早くつかむことができない。このため対策を出すのが遅れてしまう。一方経済界も自分で判断できるだけの十分な情報を入手していない。政府がこうやると言えば、全員が一斉に同じ方向を向いてしまう。

だが改革・開放が進むにつれて、経済に関する情報は次第に増えていった。統計も整備され、経済に関する新聞、雑誌などの情報も格段に増えていった。このため一九八〇年代以降の中国の「景気循環」をみてみると、明らかに「ぶれ」が以前よりも小さくなっている。

最近では国家統計局に景気モニター・センターが設立されたり、「経済情勢予測会」が開かれたりしている。コンピュータの力も借りるようになってきた。経済の運営は様変わりといえるほど、巧みになりつつある。

コンピュータ使用によって違法な経済行為が減るという効果もある。例えば繊維業界では繊維の対米輸出に関するライセンス、割当量、貿易業者のコードなどを九五年からオンライン化した。それまでは違法なライセンスが横行し、年間で約一万件にも及んでいた。それがオンライン化した九五年には一挙に一七九件に減少、九六年も一一月までで わずか一八件にまで減ってしまったという。中国では伝統的にさまざまな経済犯罪が絶えないが、コンピュータ導入によってかなりクリーンになる可能性が出てきた。

九七年初めには対外経済貿易省でもオンラインでデータを処理するシステムを確立した。利点としてはコストの削減、通信速度のスピードアップ、それに手続きの間違いが減ることが挙げられている。九八年に入ると、ホームページも開設され、輸出入商品に関するさまざまなデータを入手できるようになった。

コンピュータのオンラインシステムを通じて、顧客が上海と深圳の証券取引を行えるシステムも九八年に上海で開発された。

選挙の開票にもコンピュータが導入され始めた。中国の民政省が米国のカーターセンターなどと協力して作り上げたもので、九八年六月にまず湖南省のいくつかの県で実施に移された。(91) 福建省や吉林省でも導入予定という。これまでは開票に伴う不正事件などが起きやすかっただけに、新システムの導入によって透明度が増す。政治の民主化にもそれなりの役割を果たすといえる。

4 情報管理とのせめぎ合い

第一報主義か確報主義か　中国はこれまで一貫して情報や報道に対する独特の考え方を持ってきた。銭其琛副総理が中国外務省の新聞局長だったころ、「情報の処理の仕方」について議論したことがある。こちらが「中国ではなぜニュースが発生したらとりあえず、第一報の形で報道しないのか。われわれはそのニュースの最終的な価値の大きさがまだはっきりしていなくても、重要なニュースであることが間違いなければ、それなりの形でいち早く報道する」と問題提起すると、銭氏は「いや中国ではニュースの評価がはっきりしないうちは報道しないようにしている。評価がはっきりしなければ、ニュースを伝えようがないではないか。焦って報道して間違えるよりは、多少遅れても正確な報道をした方が良い」といった内容の受け答え方をしたのを覚えている。「確報主義」とでもいうことができようか。

さすがに最近では報道の仕方は早くなってきた。『人民日報』の夜中の最終締め切りは午前一時で日本の新聞と大差ない。時には輪転機を止めて重要ニュースを突っ込む例も出ている。日本と違って販売店の制約がないので、その辺は中国の方が柔軟に対処できる。

しかし銭氏の考え方はいまでも基本的には残っている。最近の例で言えば、九七年二月に発生した朝鮮民主主義人民共和国（北朝鮮）の黄長燁・労働党書記の亡命事件が典型である。亡命したのは二月一二日であったが、中国のマスコミが初めて報道したのは一九日だった。なんと一週間も経ってからである。

この亡命事件は中国にとって極めて頭の痛いものだった。処理の仕方を間違えれば、トップの責任問題にも発展しかねない。あわてずにじっくりと関係方面と調整しなければならなかった。なんとか事件解決のめどをつけるのに、一週間かかってしまった。したがってその間は一切報道できなかった、というわけである。

また中国では従来、海外のニュースは「参考消息」という新華社発行の新聞を通じて取り入れてきた。海外の新聞や通信社の記事を幅広く転載しているが、読むことができるのは幹部に限られていた。ところが転載といっても都合の悪い記事は載せないし、載せる場合でも原文を一〇〇％正確に翻訳していたわけではない。都合の悪い部分は巧みに削除するというケースがよくあった。

しかしこうした情報操作のやり方がいまや時代遅れになりつつある。黄書記の逃げ込んだ北京の韓国大使館の周辺はものものしい警戒網が敷かれていたわけだから、北京市民が知らないわけはない。口コミで全国にも広がっていくだろう。しかも中国のマスコミが報道しなくても、海外からインターネットをはじめさまざまなルートを通じて情報は入ってくる。とりあえず第一報を報道し、解決の方向がみえてきたらそれなりに解説していくというのが、これからのやり方であろう。「参考消息」による恣意的な転載のやり方も、これだけ海外の情報が入るようになると、あまり意味がなくなってくる。

パソコンやインターネットの急速な普及は、中国の情報伝達のあり方を変え、経済社会の仕組みにも大きな変化をもたらす可能性が出ている。それでも中国の情報処理の仕方がいますぐ改まるとは考えられない。政治の民主化が急進展でもしない限り、決定的な変化は起こりえない。情報の壁は思ったよりも厚いとみた方がよい。したがって当分はコンピュータ普及をテコに厚い情報の壁を突き崩そうとする動きと、それを必死になって押しとどめようとする動きとが激しくぶつかり合うことになる。

有害情報の排除にも限界

中国は西側から資本主義に毒された情報が入ってくるのを嫌う。インターネットにしても、当局はそれを通じて流入してくるわいせつ情報や反体制情報などの「有害情報」に神経を尖らせてきた。インターネットを通じて国家の機密が外部に漏洩するような事態も避けねばならない。

中国公安部は一九九六年年一月に、インターネットに接続する単位、個人について利用開始から三〇日以内に公安機関へ届けるよう義務づけた通達を出した。さらに同年二月には、コンピュータ情報ネットワークとインターネットの管理のための暫定規定を公布している。この規定では、①いかなる単位、個人もインターネットへの接続は郵電省の開設したルートを使用しなければならない、②インターネットを利用して国家の安全に危害を加えたり、国家の機密を漏洩するなどの犯罪活動をしてはならない、③社会治安を妨げる情報やわいせつ情報などを作成、閲覧、コピー、発信してはならない、などを盛り込んでいる。

こうした規定は日本などに比べると確かに厳しい。にもかかわらず九六年後半から一気にインターネットが普及し始めたのはなぜか。政府がインターネットについては管理に限界のあることを認識し、弊害には目をつぶることに決めたのか、あるいは厳しい規定の間隙を縫って、規定がルーズに運用されているか、いずれかでしかない。

もっともわいせつ情報は何もインターネットでなくとも巷に出回っている。当局が最も警戒するのは、反体制運動にインターネットが使われることだろう。仮にそうした動きが表面化すれば、政府はインターネットの急速な普及にブレーキをかける可能性もあろう。

必要情報の排除に伴う弊害　有害情報の排除はある程度仕方ないとしても、必要情報まで排除しようとすると、経済活動にも影響を与えてくる。市場経済を十分に働かせるには、制限のない情報伝達が確保されなければならないからだ。

経済に関する情報が飛躍的に増えていることはすでに述べたが、しかし情報の質の面ではまだ課題は多い。本来必要な情報が提供されないという場面に随所でぶつかる。あるいは統計が不十分で実態から大きくかい離している場合も少なくない。

企業経営の行方を左右しかねない重要な情報は速やかに公開されねばならない。ところが企業は何か不祥事や経営の屋台骨にかかわる問題が起こってもなかなか公表しようとしない。党・政府の幹部は内部情報としてそれを知っていても、一般大衆や外国人には全くわからないというケースが少なくない。

工場で火事など災害が起きても以前はほとんど報道されなかった。最近はさすがに隠せなくなってきたが、それでも簡単な報道にとどめ、原因究明などについて詳細に報じることは少ない。環境問題についても必要以上に事実を隠そうとする傾向がある。ある地域で深刻な環境汚染が発生してても、実際に報道されるのはまれである。これでは地域の健全な経済発展は望めない。国家機密はどこの国でも多かれ少なかれ存在するが、中国ではその範囲があまりに広すぎる。国防費がよい例である。公表されている国防費は解放軍の給与などが中心で、兵器の開発や外国からの兵器買い付けに使われる費用は他の項目のなかに含まれているといわれる。

統計数字もそのままうのみにするのは危険である。以前は失業者という概念はなく、「待業青年」と呼ばれてた。さすがに最近は失業者統計も出すようになっているが、実態に比べて明らかに数字が少ない。

以上挙げた例は従来の社会主義体制では当たり前のことと考えられてきた。市場経済化に伴って中央指導部も少しずつ情報を公開し始めたが、まだ古い社会主義の体質は根強く残っている。これまでの改革・開放ではそれほど情報公開しなくとも、それなりの結果を出すことができた。しかしこれから改革・開放の水準を高め、完成に近づけようとすれば、情報公開の範囲は加速度的に広がっていかざるをえない。

世界貿易機関（WTO）への加盟問題が難航しているのも、情報公開と大いに関連している。加盟国とは情報公開の面であまりに差がありすぎる。中国が香港などで株式を上場するケースが増えているが、上場企業の情報公開が不十分なこともあって、いまひとつ人気が沸かない。国際経済との一体化を図ろうとすれば、いま程度の情報公開ではとても対応していけない。

情報の質の改善　新聞記者は自分の書いた原稿を取材先にみせることは決してしない。自分の原稿は自分で責任をとるのが原則である。ところが中国では書いた原稿を取材した相手側にみせて了解を得ている光景にしばしばぶつかる。

中国の新聞はほとんどの場合、どこかの組織の機関紙である。日本のような中立的な立場の総合紙は存在しない。それにしても取材した相手側に原稿をみせるのは、新聞記者の本来の役割からいっても納得がいかない。

最近は中国の新聞でも告発記事や暴露記事、特ダネ記事が増えてきた。そうした記事を書く時にはまさか相手側の了解を得ているわけではあるまい。いやそうした場合でも、関係部門には根回ししている可能性はある。

中国が着手すべき「情報」改革の第一歩は、自分の責任において取材し、原稿を書くということであろう。機関紙でもそれは可能だが、中立的な独立紙であれば、よりやりやすい。『人民日報』や『光明日報』にはそれなりの役割があるが、中国においても今後は中立的な独立紙を作っていかねばなるまい。そして互いの新聞がもっと競争し合うようにならないといけない。

反体制的な新聞を作れというのではない。もう少し多面的な報道が必要だということだ。考え方や分析の仕方の違う記事が出回ることによって、人々は初めて的確な判断を下せるようになる。

新聞自体も互いに競争し合うことで、互いの過ちを相互監視できるようになる。

最近、中国では「誤報」が多発している。例えばこんな例があった。ある大学受験生が高得点をとったにもかかわらず、受験番号と名前を指定の箇所に書かなかったため落第になった。この事実が発覚すると、受験生に同情が集まり、全国の新聞が書き立てた。ある大学はわざわざ彼を授業料免除で招請するとまで言い出した。ところがよく調べてみると、すべては受験生の作ったでっち上げだった。何回も受験したのに失敗し、最後になってでっち上げを思いついた。

なぜこんな誤報事件が起きてしまうのか。一紙が書くのならまだしも、全国の新聞が揃ってだまされてしまうのはなぜか。結局、事実をしっかりと確認し、自分の責任で原稿を書く体制ができていないからであろう。

記事を書くのに相手側から報酬を得る悪弊も起きている。これを「有償ニュース」というのだそうだ。党中央宣伝部および報道出版署はわざわざ有償ニュース禁止に関する通達を出したほどである。

パソコンやインターネットの普及が情報公開を促進するのは間違いないが、反面で質の悪い情報を蔓延させる危険性をもはらんでいる。モラルの高い記者による客観的で中立公正な記事が縦横に、しかもいち早く出回ることが市場経済を活性化させる大前提であることを中国は知る必要がある。「海の大国」を目指すからには、「情報」体制の改革こそが急がれなければならない。

第3節　中国共産党と国際化

1　一部に民主的仕組みをビルトイン

中国に残る「氷点」　最近は中国とのビジネスもかなりやりやすくなってきた。改革・開放に着手してから二〇年過ぎ、中国も国際的なルールをかなり習得してきたからだ。それでも時たま、ルールからはずれた、わけのわからない出来事にぶつかることがある。個々の原因はさまざまだが、元を突き詰めていけばほとんどは「共産党の一党独裁」からきているといって過言ではない。いくら市場開放が進んでも、決して氷解することのない箇所が社会主義体制のなかに残っていて、改革・開放の進展を阻んでいる。それでは真の国際化は望めない。

東アジアの経済発展の経験則から言えば、経済発展がある水準にまで達すると、政治の面でも民主化の動きが出てくる。その典型的な例が韓国であり、台湾であった。ところが中国の場合、これだけ経済が発展したにもかかわらず、政治の民主化がそれに伴って進んでいかない。政治改革が経済の改革に比べてかなり遅れてしまっている。

鄧小平時代の評価　もちろん毛沢東時代に比べれば、鄧小平時代はできるだけ政治の混乱を避けようと努力してきた。毛沢東時代にはいったん権力闘争が起きると、最後は悲惨な結末が待っていた。身の安全すら保障されなかった。林彪氏や劉少奇氏がその典型である。しかし鄧小平時代には権力闘争に敗れても、一切を抹殺されるようなことはなくなった。趙紫陽氏や胡耀邦氏にしても総書記の座は追われたが、共産党員の籍まで剝奪されはしなかった。

大衆弾圧もずいぶんと減ってきた。毛沢東時代には多くの大衆がさまざまなレッテルをはられ、監獄につながれた。しかし鄧小平時代にはそうした例は少なくなってきた。もちろん魏京生氏ら反政府運動家に対しては容赦しなかったが、その範囲はごく限られている。一般大衆まで巻き添えになることはそれほど多くなくなってきた。一九八九年六月の天安門事件では一時多くの参加者が拘束されたりしたが、その後寛大な措置がとられ、ほとんどは釈放されている。いまなお監獄につながれている反政府運動家の数は一時に比べれば、大幅に減ってきている(92)。

鄧小平時代には党、政府官僚の引退年齢も定められた。大臣や省党委員会書記などは六五歳、それ以下の補佐的なポストでは六〇歳になると、第一線を退かねばならなくなった。党や政府のポストの在職限度も二期に限られた。例えば李鵬氏は首相を二期務めた後、全人代常務委員長に転出している。もちろん鄧小平氏のように、退いた後も最高実力者として君臨した例はあるが、一般的には引退年齢や在職限度は厳格に実行され、世代交代を促すうえで大きな役割を発揮した。

しかしこうした民主化措置を必要以上に評価することはできない。毛沢東時代があまりにも非民主的であったというにすぎない。改革・開放政策を掲げ、国際社会とも積極的にお付き合いをしていこうとするならば、鄧氏がやってきたことは最低限、必要な措置でしかない。経済の発展とともに、より一層の民主化を進めていかなければ、時代に遅れてしまう。

中国の改革・開放政策を先頭に立って指導してきた鄧小平氏にも、より一層の政治民主化の考えがなかったわけではない。改革・開放の始まった七九年以前の鄧氏の演説を読み返してみれば、民主化の必要性を訴える個所を見つけることができる。

しかし党内の根強い保守派からの攻撃を受け、実際にはなかなか政治の民主化に着手できなかった。政治改革に積極的だった胡耀邦氏や趙紫陽氏を結局、切り捨てざるをえなかったのも、保守派からの攻撃に耐えきれなかったからであろう。鄧小平氏の優れたバランス感覚がそうさせたのであろうが、同時に歴史的な限界をもみることができる。

強まる全人代の独自の役割

もっとも鄧小平氏が老齢化し、江沢民総書記が実質的な権力を握り始めた一九九五年頃から、政治の民主化の面でもじわじわと変化が現れ始めている。確かに表面的には政治改革は進展していない。政治システムには全体主義的な傾向を色濃く残している。ところがよく目を凝らしてみると、市場経済の浸透に伴って内部から徐々に変わりつつある箇所を見い出すことができる。いくつかの部分に限ってみれば、確かに従来の全体主義とは異なる仕組みがビルト・インされ、民主化が進んできている。卵の殻はまだ割れていないのだが、元気のよいひよこがなかから殻を破ろうとつつき始めているのである。いくつかの例を挙げてみよう。

ひとつは全国人民代表大会（全人代）の役割変化である。九八年春の全人代大会では、検察院活動報告に四〇・四％、最高人民法院活動報告に三二・四％の批判票（反対票プラス棄権票）がそれぞれ出た。全人代で批判票が出るのはいまや珍しいことではないが、それでも四割に達するほどの批判票が出たことはいまだかつてない。いずれは過半数を超えてしまう事態も予想される。

大会が近づくと、全人代代表の部屋には、地元政府や一般市民などが大勢、陳情にやってくるようになっている。代表にさまざまな意見や提案を持ち込むのである。全人代代表もそうした周りの声を聞きつつ、大会では党の指示や意向とは関係なく、自主的判断で投票に臨むケースが増えてきている。党をチェックする機関として全人代は機能を大幅に増してきている。

もうひとつは農村の基層レベル（村レベル）における直接選挙である。まず第一段階では「選挙指導小組」が多数の候補者から数名の候補者に絞り込むが、最終段階では村民の直接選挙（無記名投票）によって村民委員会の主任（村長）や委員を選んでいる。これまでの幹部は党の言いなりだった。しかし民主的選挙によって選ばれた幹部は農民の真の利益代表者として振る舞うことになる。

従来、農民の最大の関心は年末に人民公社などの「集団」からいくらの分配（報酬）を受けるかだけだった。分配権そのものは「集団」ががっちりと握っているので、干渉するわけにはいかない。ところが最近は農民たちが「村」の政治や財政に強い関心を持ち始めている。自分たちの農業経営と「村」の政治・財政が密接な関連を持つようになっているからだ。

このほかにも民主化の動きは広がっている。新華社電[93]によると、天津、北京、上海など多くの都市では、「市長ホットライン」が開設され、市民が政府の活動を監視するようになっている。また政府職員の選抜・任用の透明性も次第に高まっていて、いくつかの地方では政府高官の任用で「一般公募試験」を行うところも出てきている。

2　党中央の地方・企業への統制強化

分税制の導入

もっともこうした民主的な仕組みがビルトインされる半面、党中央が地方や企業に対する統制を強める傾向もみられる。改革・開放政策を実施する過程で、必要以上に地方や企業の権限を拡大しすぎた反省があるからだろう。また腐敗のまん延、国有企業の不振、失業の拡大など改革・開放に伴う矛盾やひずみが一挙に吹き出てきたことへの危機感もある。中央としても黙ってはいられない。しかも政治的には、ソ連邦の崩壊やポスト鄧小平への移行期という難しい局面が続いていたことも中央指導部の危機感をより一層強めたといえる。

中央の統制強化の例としては、①分税制の導入、②地方指導者に対する人事面での介入、③外資系企業での党委員会設立――などが挙げられる。

改革・開放を進める過程では、地方の積極性を引き出すために、財政にも請負制度を導入した。地方は一定額を中央に上納すれば、残りはすべて自分の省・市に留保し、自由に使ってもよい。

このため次第に中央財政比率が低下するという現象が起きた。多少の減り方ならば問題はないが、中央の取り分が全体の財政収入の四割を割るほどになってしまうと、いろいろな問題が出てくる。例えばインフラ投資への資金が十分でなくなるし、沿海部と内陸部の格差是正のために資金を活用することもできない。

このため中央政府は税制を根本的に改め、中央と地方の税の種類を固定化し、全体として中央の取り分を増やす形に改めた。地方の取り分が減ることに対し、当然地方からは反発が起きてくる。しかし朱鎔基副首相（当時）らの必死の努力によって新しい税制を浸透させることに成功した。

人事面でも締め付け

地方に対しては人事面からも締め付けが強化されている。なかでも独立色の強い広東省とのせめぎ合いは熾烈を極めた。まず九六年に朱森林省長の後任を中央から送り込もうとしたが失敗した。しかし中央はあきらめず、その後もチャンスをうかがっていた。そして九八年に入ると、謝非書記に替わって若手の李長春・河南省書記を送り込むことに成功、結局中央が広東省を押さえ込んでしまった。

地方の党書記が省長や人代常務委主任、政協主席を兼任する例も増えている。九八年一月末現在でみると、党委書記が省長・人代常務委主任・政協主席のいずれかのポストを兼任している省・市・自治区は一五にものぼる。三一の省・市・自治区のほぼ半分に達する。以前は一部の例外を除いて党委書記が他のポストを兼任することはなかった。「党政分離」（党務と行政の分離）

党委書記のポスト兼任（1998年1月末現在）

	党委書記	省長・市長	人代常務委主任	政協主席
北京	賈慶林	賈慶林		
天津	張立昌	張立昌		
河北	程維高		程維高	
内蒙古	劉明祖		劉明祖	
吉林	張徳江		張徳江	
浙江	李沢民		李沢民	
安徽	盧栄景			盧栄景
江西	舒恵国		舒恵国	
湖南	王茂林		王茂林	
海南	阮崇武	阮崇武		
四川	謝世杰		謝世杰	
貴州	劉方仁		劉方仁	
雲南	令狐安			令狐安
陝西	李建国		李建国	
青海	田成平		田成平	

という掛け声はすっかり影を潜めてしまった。それだけ党の指導性が強まってきた証拠といえる。

企業では改革・開放の過程で、徐々に工場長の権限が拡大し、企業内の党書記の地位は反対に後退する方向にあった。しかし最近になって再び党書記の発言力が強まり、経営にも口出しするケースが増えている。

特に注目されるのは外資系企業にも党委員会が組織されるようになったことだ。党員が三人いれば党委員会支部を作ることになっているので、独資、合弁を問わない。それも当初はあるのかないのかわからないほど、存在感がなかったが、次第に活動が目立つようになってきている。

経営にも介入してくると、外資側としても厄介な問題になってくる。特に合弁企業は九七年秋の党大会で「公有部門の一部」との新たな解釈を付与され、しかも中国側が資本の過半を握るケースが増えてくるため、党委員会の存在感が増してくると見られる。

3　政治にもマクロコントロール型を導入

新たな共産党の指導体制

民主化の兆しと党の指導力強化という一見すると相反する現象をどうとらえればよいのか。天児慧氏は「カスケード型権威主義体制」という言葉で、こうした錯綜した政治社会の現状を表現している。(94) カスケードとは、幾筋にも分かれて落ちる小滝のことをいう。つまり中央の下に多様な中型、小型の権威主義的権力が層を成しつつ、基本的には中央に服従するという多層の権威的ヒエラルキーとしてとらえている。

天児氏によれば、「カスケード型権威主義体制」はあくまでも移行期の体制であり、いずれは「党指導」が次第に制限され、中国の指導体制が内面から実質的に変容していくとみている。つまり、民主化が進み、共産党の指導体制は早晩、崩壊せざるをえないという結論であろう。

だが筆者はそうは思わない。最近の政治体制の変化は共産党崩壊への道、欧米流の民主化への過渡期ではなく、「新たな共産党の指導体制」への模索であると考える。指導のスタイルは変わるが、党中央の強権的な政治という従来からの本質にはいささかの変化もないとみている。「カスケード型」の表現はなかなか巧みではあるが、新しい指導体制の骨格を必ずしも的確にはとらえていない。そこで筆者は「マクロコントロール型の政治指導体制」という言い方を用いたい。中国はマクロコントロールを経済面での改革・開放政策の柱として重視してきた。従来の直接指令に基づく経済政策の運営ではなく、財政・金融をテコにした間接的な指導を中心としていくやり方である。「マクロコントロール型の政治指導体制」とは経済運営に用いた手法を政治の分野でも活用していこうとの発想である。

現時点ではまだこの新しいやり方が隅々にまで浸透しているわけではない。一部に萌芽がみられるだけである。中国の中央指導部はもちろんこれまで、政治分野において「マクロコントロール」という言葉を使ったことはない。そうしたやり方を自覚して意図的にやろうともしていない。しかし中国共産党が内面から徐々に変容し、いずれは崩壊という最悪の道を回避するには、「マクロコントロール型の政治指導体制」の確立しか活路はないのではなかろうか。これから中国が進むべき道として、ある種の期待を込めてこの新しい概念を提起してみたい。

「マクロコントロール型の政治指導体制」ではできる限り地方や企業に権限を譲渡し、自主性を重んじる。民主的な制度もできるだけ取り入れる。しかし中国共産党の最終的な指導体制は堅持する。仮に指導体制を危うくする傾向が出てくれば、全国に張りめぐらされたネットワークを通じて影響力を行使していく。基本的考え方は経済のマクロコントロールとなんら変わりはない。

全人代は党のチェック機能

「マクロコントロール型の政治指導体制」の考えを取り入れれば、民主化の兆しと党の指導力強化という一見すると相反する現象を統一的にとらえることができる。

全国人民代表大会（全人代）にはできるだけ独自性を発揮させるようにする。全人代が党に全面的に従うよりも、チェック機能を果たしてくれた方が党にとっても役に立つ。評決である程度の批判票が出た方が健全であり、共産党支配の浄化にもなる。批判票が増えたといっても過半数を超え、議案を否決したことはない。あるいは将来、否決するケースが出てくるかもしれないが、その場合でも党側が事後処理をきっちりやれば問題はない。全人代はあくまでも党のために役割を果たすのであり、党と対立した存在になることはない。もしその一線を越え、全人代が独立王国となり、権力闘争に走れば、党は全人代に介入していく。

農村の基層レベルでの直接選挙は全国に普及させていく。さらに段階を追ってできるだけ上級のレベルにまで直接選挙の範囲を拡大させていく。最終的には全人代の代表（日本でいえば国会議員）レベルまで広げることができれば、このシステムも完成に近くなろう。

共産党の選挙も全人代の選挙ほどではないにしても、民主的なやり方を導入していかねばならない。九七年秋の第一五回党大会では、全国で五八〇〇万人の党員のなかから二〇四八人の代表を「差額選挙」で選んでいる。絞り込む段階ではこれまで同様に「舞台裏での調整」というやり方がとられているが、最終段階では選挙を実施している。どの選挙単位でも立候補者は定数を一〇%以上上回ったという。(95)

また党大会の報告も多くの幹部党員が討議に加わっている。大会スポークスマンによると、約一年前から準備作業を開始し、各段階で約四千人の意見を求めた。意見が出てくると修正を加え、再び回覧するという作業を繰り返し行っている。相当の根回しをしているといってよい。

しかしまだまだ党には秘密の部分が少なくない。党首（総書記）を選挙で選ぶのは難しいとしても、より透明度を高めなければ国民の支持を得られなくなってしまう。党大会に参加する代表の選出だけでなく、今後はより上級の幹部選出にもできるだけ、民主的な方法を導入し、権力闘争がなるべく起きないようにしていかねばならない。共産党はこれまでことあるごとに「民主集中性」を強調してきたが、実際には民主の度合いが極めて希薄だった。[96]

経済に強い工場党書記　いまの中国共産党には、かつてのような政治色の濃いスローガンはみられない。イデオロギー色は極めて希薄になってきている。最大の政治目標は経済の発展といっても過言ではない。したがってその役割は経済政策の基本方針を立案するとともに、政府が実際に経済政策を実行に移すのを監視することにある。そして党が間違った判断をしないように、全人代が別の角度から党をチェックする。このように党、政府、全人代の関係も「経済」が主要テーマになる。

共産党の指導者としての条件もまず経済や科学技術に強いことが要求される。政治スローガンを叫ぶだけでは務まらない。経済分野で実績をあげた人物が党の指導者として抜擢されるケースも増えてくる。政治局の三一人のメンバーの出身大学（別表）をみても、いかに理工系が多いかは一目瞭然である。こうした傾向は最高幹部だけでなく、党組織全体に広がっているはずである。

経済のマクロコントロールでは、金融や財政がテコの役割を果たす。政治のマクロコントロー

理工系大学出身の政治局メンバー

常務委員	江沢民	上海交通大学電機科
	李鵬	モスクワ動力学院水力発電科
	朱鎔基	清華大学電機科
	李瑞環	
	胡錦濤	清華大学水利工程科
	尉健行	大連工学院機械科
	李嵐清	
政治局員	丁関根	上海交通大学運輸管理科
	田紀雲	
	李長春	ハルビン工業大学電機科
	李鉄映	チェコスロバキア理士大学物理科
	呉邦国	清華大学無線電子科
	呉官正	
	遅浩田	
	張万年	
	羅干	旧東独ベルリン鉱冶学院機械鋳造専業
	姜春雲	
	賈慶林	河北工学院電力科
	銭其琛	
	黄菊	清華大学電機工程科
	温家宝	北京大学地質学院地質構造専業
政治局員候補	謝非	
	曽慶紅	北京工学院自動控制科

ルでは網の目のように張りめぐらされた「党委員会支部」の存在が重要になってくる。例えば企業でも、これまでは工場長と党書記は相対立する存在だった。党書記は経済に疎く、企業の合理的な運営に反する行動をとる場合が多かった。しかしこれからは党書記自体が経済に強くなければならない。工場長のやることを十分に監視できるだけの力を持っていなければならない。そうすれば、なにか工場の運営に問題が生じた場合、適切に指導することが

できる。

こうみてくると、企業内でも党書記と工場長の役割は従来とは異なってくる。両者は対立する存在ではなく、むしろ日米欧の感覚で言えば、代表権を持った会長と社長といった関係になってこよう。会長である党書記は日常業務から一歩離れたところで、会社の経営を見つめ、問題があれば適宜、介入していく。また中央や地方の行政機関、あるいは党組織など外部との折衝を主に引き受ける。[97] 一方、社長である工場長は日常業務に責任を持つ。しかし社長が政府や党との関係に関心を持たないわけではない。何年かして社長を後任に譲れば、自分は今度は会長として対外関係を取り仕切っていく。こうした関係に徐々に変わりつつあるのではないか。

中国の国有企業などの経営形態は、欧米日とは明らかに異なるものだが、それでも実質的にはかなり似通ったものになってきた。従来の経営形態ではとても世界に通用しなかっただろうが、「党書記と工場長」が「会長と社長」的な役割を果たすということであれば、あるいは世界にも通用するかもしれない。

もちろん中国の「党書記と工場長」が欧米日の「会長と社長」のシステムに似てきたとは言っても、依然として違いのほうが大きい。欧米日がそう簡単に受け入れるとも思われない。だが欧米日は、この新しい役割を持ち始めた「党書記と工場長」が中国の新しく編み出した「チャイニーズ・スタンダード」であると認識すべきである。中国は中国なりに、国際社会をも意識しつつ「党書記と工場長」のあり方に修正を加えてきたのである。せっかく中国が知恵を絞って国際的なシステムに近いものを作り出してきたとするならば、これにある程度の理解を示してやるべきではなかろうか。もし欧米日が理解を示せば、中国の国際化にも展望が開けてくる。

4　香港「一国二制度」はいつまで有効か

鄧小平氏の現実的アイデア

「一国二制度」は鄧小平氏が香港返還をスムーズに実現するために考え出した方式である。返還に際し資本主義制度をとっている香港を社会主義制度に組み替えてしまったのでは、混乱も起こるし、香港の繁栄も維持できなくなってしまう。そこで互いの共存共栄を図るためには、香港の資本主義制度を返還後もそのまま変えずに残していくしかない。鄧氏らしい現実的なアイデアであった。

しかし体制の違いを残したまま、共存共栄を図っていくのはそれほど簡単なことではない。今後の方向としていくつか考えられる。①返還後は「香港の大陸化」の傾向が特に顕著にみられるが、このまま大陸化が進み、香港を変質させてしまう、②逆に香港の制度が大陸に流入することで中長期的には「大陸の香港化」が進み、大陸の資本主義化が目立っていく、③「香港の大陸化」と「大陸の香港化」がバランスよく進み、「一国二制度」が発展的に解消に向かう――の三つである。

九七年一一月に米国へ出国した中国の反体制活動家、魏京生氏は「一国二制度」を「根本的に不可能なこと[98]」と厳しく批判している。①や②のケースになれば、確かに魏氏の言う通りになろう。中国としては現状のまま「一国二制度」が続いていくのが望ましいであろうが、なかなかそうはいかない。「香港の大陸化」が進むか、あるいは「大陸の香港化」が進むか、いまのままではどちらかに収れんしていく可能性が強い。

しかし「香港の大陸化」では、香港の存在意義がなくなってしまうし、「大陸の香港化」では共産党の支配が危うくなってしまう。中国としては③の方向を模索せざるをえないのではなかろうか。

③では「香港の大陸化」と「大陸の香港化」がバランスよく進むことによって、香港と大陸とが一体化し、新たな「中国独自の経済システム」を創出していく。このシステムはいまの大陸のシステムに比べるとより資本主義に近い。したがっていまのグローバル・スタンダードにもより近いということができよう。だがなお社会主義の殻を残存させており、完全にグローバル・スタンダードに一致するわけではない。

この「中国独自の経済システム」、つまり「チャイニーズ・スタンダード」が既存の国際経済システムにうまくかみ合うものであるかどうか。仮にかみ合うものであれば、中国経済の将来は明るい。[99]

返還後初の香港議会選挙

中国返還後初の香港立法会（議会）選挙が九八年五月二四日に行われた。結果は全体としては親中派の勝利だったが、民意を反映する直接選挙枠（二〇議席）では、民主党など民主派が一四議席を獲得して圧勝した。民主派の獲得議席は事前の予測を上回るものだった。中国政府、香港特別行政府はともに今回の選挙が成功だったと評価しているが、実質的には「民主党の勝利」だっただけに心穏やかでなかったはずである。

英国統治下で一九九五年に実施された立法会選挙では、直接選挙枠の二〇議席がすべて小選挙区で行われ、民主党を中心とする民主派が一六議席を獲得した。その他の議席でも職能別選挙枠(三〇議席)では投票者の範囲を広げ、直接選挙に近いやり方が採用された。このため民主派が過半数を制することができた。

しかし民主派が過半数を制していたのでは何が起こるかわからない。中国は香港返還と同時に臨時立法会を成立させ、九五年の選挙で選ばれた議員はまだ任期が残っていたにもかかわらず無効にしてしまった。そして九八年の選挙に備えて選挙法を改正(悪)した。まず直接選挙枠では小選挙区から中選挙区比例代表制に改め、親中派が当選しやすいようにした。職能別選挙枠についても投票者の範囲を絞り、親中派で議員を独占できるように改めた。

親中派が圧倒的に有利な選挙とあって、選挙期間中は盛り上がりに乏しかった。投票率も過去最低に落ち込むのではないかとの観測がもっぱらだった。香港の民主化の灯も返還から一年を経て、ついに消えてしまったかなと思われた。

ところが実際にふたを開けてみると、投票率は過去最高を記録し、市民の政治に対する強い関心が示された。全体ではもちろん親中派の勝利ではあったが、民主党を中心とした民主派は直接選挙枠では九五年選挙に迫る当選者を出すことができた。

予想外ともいえる結果をもたらした最大の要因は、アジア通貨・金融危機に伴う香港経済の落ち込みである。香港ドル自体は国際的な投機筋のたび重なる攻撃にもかかわらず、なんとかドル・ペッグ制を維持している。しかしそのために株価や不動産価格は大幅に値を下げ、観光客もがた減りになっている。失業率も急上昇している。

これまでの香港ならば、経済が落ち込んでも市民がはっきりとした意志表示をすることはなかった。政治にはできるだけかかわらないというのが、香港市民の生活の知恵であったからだ。

しかし今回は違った。民主派を支持することによって、香港行政府の経済政策に対する不満をぶちまけた。アジア通貨・金融危機は香港返還とは直接関係ないが、香港市民としてみれば、香港返還がなければこれほどまでに香港経済が落ち込むことはなかったはずだとの気持ちもある。

いずれは「一国一制度」へ

香港返還という大きな政治的イベントを経験して、香港市民の間にも着実に政治意識が芽生えてきたということもできるだろう。特に九五年に直接選挙に近い民主選挙をたった一度ではあるが経験した意味は大きい。天安門事件の追悼集会も毎年途切れることなく続いている。返還から一年たった九八年の六月四日にも約四万人が広場に集まり、混乱なしに集会を終えた。

いまの香港は一人当たりの域内総生産（GDP）が二万ドルを突破している。かつての宗主国の英国をも上回っている。香港は経済発展に見合った民主化を享受しうる条件を十分に備えているといってよい。

こうした「先進地域」香港の民主化をどのように進めていくか、中国にとっては極めて重要な政治的課題になろう。直接選挙枠を段階的に増やし、二〇〇四年の選挙では全体の半数の三〇人にする段取りとなっている。しかしこれでは民主化のテンポが遅すぎるとの意見が今後強まっていこう。

あまりに民主化のテンポが遅ければ、次第に「香港の大陸化」がすすみ、香港の勢いを削いでしまおう。反対に性急に民主化をしすぎれば、香港に政治的な混乱が起きてしまう。香港の民主化は大陸の民主化とも連動している。中国はむしろ香港を大陸民主化のモデルケース、実験場として有効活用した方が得策である。深圳経済特別区は経済の面での対外開放の実験場だったが、今度は香港を「政治民主化の実験場」にしていく必要があるのではなかろうか。

そうすれば「一国二制度」を形骸化させることはないであろう。うまく香港と大陸を連動させることによって、いずれは「一国一制度」の理想的な形に近づけていける。もしそれが実現できれば、国際社会にも通用する新しい「チャイニーズ・スタンダード」の誕生となるだろう。

第5章　アジアン・スタンダード

第1節　アジア諸国の反乱

タイで農業回帰論が台頭

グローバル・スタンダードへの挑戦はなにも中国だけの専売特許ではない。アジア諸国も市場経済を進めるなかで、国際経済への一体化を強めているが、今回のアジア通貨・金融危機のように、不用意に国際化、グローバル化を進めるととんでもない結果を招いてしまう。アジア全般に欧米日を中心とした通貨・金融システムへの不信感が渦巻いている。もっと自分たちの足元を見つめ、自分たちに合った市場経済のシステムを構築していかなければ、持続的な発展はできないとの考え方、つまり「アジアン・スタンダード」の台頭が著しい。

一九九八年九月、アジア通貨・金融危機の発端となったタイを訪れた。バンコク中心部を歩くと、あちこちに工事を中断した建設現場を見つけることができる。それでもタイはインドネシアに比べれば、一足先に危機から脱出できそうである。思い切った金融リストラが効果を発揮し始めている。輸出は着実に回復し、バンコク名物（？）の交通渋滞も以前ほどではないが、朝夕のラッシュ時には復活してきた。政治が安定しているのもタイの強みである。

だがタイでは今回のアジア通貨・金融危機をきっかけに、これまでの外資導入に依存した経済発展のあり方への反省が急速に高まっている。そのきっかけになったのがタイ国王の「自給自足」呼びかけだった。あまりに工業化を急ぎすぎ、農業国タイの良さを失ってしまった。もう一度、農業国として復活させるべきだという主張である。

バンコクのタマサート大学でスウィナイ・ポンナワライ教授に会った。同教授は日本で開かれるシンポジウムなどにしばしば参加し的確な論評をすることで知られているが、今回はいつになく激しい調子で「九九年は世界恐慌になります。米国経済が破綻するからです」とぶちあげた。いまは米国の力が強すぎて、タイとしても抵抗しようがない。米国経済が破綻し、その力が弱まった方が、タイにとっては都合がよい。そうしないとアジアの新秩序が形成できないからだ、というのである。

アジアでは比較的グローバル・スタンダードに馴染んできたはずのタイですら、これまでのやり方への反省気分が台頭し、新たなスタンダードへの模索が始まっていることは注目に値する。

アジアで最も強烈に欧米主導のグローバル・スタンダードに反旗を掲げているのは、もちろんマレーシアであろう。九八年九月一日からはマレーシアドルの対ドル交換レートを固定化し、株式についても購入後一年間は売却を禁止するなど一連の強硬措置をとった。これら措置により同国の為替市場と株式市場はひとまず安定を取り戻した。

マハティール首相の米国嫌いはいまに始まったことではない。それでも外資導入を中心とした市場経済化の基本方針を崩すことはなかった。ところが今回は意見を異にするアンワル副首相を更迭・逮捕してまで、市場経済化に逆行する過激な政策を断行した。マハティール首相の徹底したやり方に対し、アジア諸国も内心では「よくやった」と拍手喝采する動きがみられる。「アジアの優等生」と言われたインドネシアも今回ばかりは大いに反抗心をみせつけた。スハルト前大統領はIMFの提示した融資条件をいったんは受け入れたが、一向に経済が上向かないのに業を煮やし、約束に反した経済運営をしてしまった。IMFからすれば、飼い犬に手を噛まれた心境かもしれない。

マレーシアの強硬措置は成功するか

しかしこうしたアジア諸国の衝動的とも言えるグローバル・スタンダードへの反抗のやり方が成功するとは限らない。マレーシアのようにあれだけ規制を強化してしまうと、外資は確実に遠のいてしまう。アジア各国はマハティール首相の試みを「マレーシア・モデル」として注意深く見守っているが、実際に取り入れるとなると二の足を踏んでしまう。

タイにして同様である。一気にこれまでの政策を放棄することは不可能だろう。そのあたりはタイもなかなか巧みである。タイは国際通貨基金（IMF）との交渉でも実に巧妙に正面衝突を避けている。いまのタイにとってIMFからの緊急融資はどうしても不可欠であるからだ。

インドネシアは反抗したがために、手痛い打撃を受けてしまった。いまだに金融、流通は破壊されたままで、機能を回復していない。例えば自動車の売り上げも九八年は前年比で二割程度にまで落ち込んでいる。金融機能の崩壊で、割賦販売ができないのが響いている。

ＩＭＦの言うことも、結局は聞かざるをえない。危機の引き金となった短期資本の流出についても、なんらかの規制はすべきだとの意見が国内から出始めてはいるが、スハルト氏の後を継いだハビビ政権はＩＭＦに対してなかなか言い出せない。いまはタイと同様にＩＭＦからの資金供与が最優先されるからである。

このように「アジアン・スタンダード」といっても、それを確立させるのは容易なことではない。必要なことはわかり始めているが、具体的にどのようなシステムにしていけばよいかとなると、まだ確かな方向は見出せずにいる。

しかしどん底にあえぐインドネシアでも全く明るい材料がないわけではない。スハルト長期政権の崩壊で「政治の民主化」は着実に進み始めている。九九年春には総選挙が行われるが、現地では「これまでにない民主的な選挙になろう」との期待が高まっている。長い目で見れば、インドネシアにも今回の危機をきっかけに新しいシステムへの模索が始まっているのは間違いない。

第2節　グローバル・スタンダードの修正

IMFの反省

欧米日の側も今回のアジア通貨・金融危機に適切に対応できなかったことへの反省が少しずつではあるが出始めている。

とりわけＩＭＦにとっては事態は深刻である。かつてはＩＭＦが出動するというだけで、市場は敏感に反応し国際金融秩序を保つことができた。ところが今回のアジア通貨・金融危機では、ＩＭＦが介入した後に危機が余計に深まってしまった。ＩＭＦ担当者もこんどばかりは「われわれの想定をはるかに超えていた」とすっかりお手上げである。

ＩＭＦの犯した過ちはＩＭＦがこれまで一貫して採用してきた「処方箋」をそのままアジアに当てはめようとした点であろう。あまりに強引にインフレ抑制、財政均衡、経常収支均衡を緊急融資の際のコンディショナリティーとして要求し過ぎた。アジア各国にはそれぞれ違った経済の実態があるにもかかわらず、ワンパターンの「処方箋」を書いてしまった。その根底には「アジアン・スタンダード」などはありえないとの根強い考え方が横たわっている。

とりわけ危機がアジアからロシア、中南米に飛び火し、しかも十分な対応ができずに救済に失敗してしまうと、さすがに先進諸国のなかからもＩＭＦの支援の仕方に対する不満や批判の声が出てくる。

九八年一〇月初めにワシントンで開かれた先進七カ国蔵相・中央銀行総裁会議（Ｇ７）とＩＭＦ暫定委員会では、各国からいっせいにＩＭＦ改革の声が巻き起こった。おそらく後世の歴史の本には、この会議を境に戦後半世紀以上続いてきたＩＭＦ・世銀を軸とする「ブレトンウッズ体制」が抜本的な見直しの時期に入ったと書かれるに違いない。言い換えるならば、これまで絶対視されていた欧米中心のグローバル・スタンダードに初めて修正の手が入ったということである。

G7声明は「世界経済で進行している変化にIMFを適合させることの重要性に合意した」として、改革の必要性を明確に打ち出した。またIMF暫定委員会の声明も「途上国には、その国の事情に応じ、経済成長の段階や経済力を勘案しながら、政策運営する必要がある」として、これまでの画一的な支援策への反省を表明している。

短期資本をいかに規制するか

もっともIMFをこれからどのように改革していけばよいかとなると、先進各国の足並みは必ずしも一致しているわけではない。米国は「IMFが機動的な融資をできるようにすべきだ」という点に重点を置いている。これに対し英国やフランスはIMFと世銀の一部統合を提案するなど、中長期にわたる構造改革の必要性を強調している。

当面の緊急課題である「短期資本」の規制についても、「なんらかの規制は必要だろう」との声は出始めているが、規制の共通ルールを具体的にどのようにつくるかとなると、なかなかまとまらない。

特に「ヘッジ・ファンド」を規制すべきか否か、をめぐっては意見が大きく分かれてしまう。ヘッジ・ファンドの実態はよくつかめていないが、その数は三〇〇〇から五五〇〇もあり、純資産額は二千億から三千億ドルに達するといわれている。しかも実際の融資やデリバティブではレバレッジ効果を働かせることによって、資産の数十倍の資金を動かせる。アジアの規模の小さな国ならば、ひとたまりもなく、やられてしまう。

米国はこうしたヘッジ・ファンドを「悪」だとは思っていない。確かに一概に「悪」とは決め付けられないが、現状はあまりに規制が緩すぎる。有限責任の投資家だけで構成するため、米国証券取引委員会（SEC）の監視下にも置かれていない。やりたい放題が可能なのだ。これによってアジアをはじめ、多くの発展途上国の健全な経済発展が阻害されているとしたら、やはり問題である。

米国が自制するだけでなく、発展途上国の側も経済の健全性が損なわれないように、なんらかの規制を早急に設ける必要がある。

問題は単に通貨・金融の分野だけにとどまらない。アジア諸国がアジアに適した「市場経済」システムを構築できるように、先進諸国は今後、さまざまな形で協力していかねばならない。

第3節 「チャイニーズ・スタンダード」への期待と責任

中国にはまたとないチャンス　今回のアジア通貨・金融危機は、中国にも深刻な影響を与えてはいるが、考えようによっては「チャイニーズ・スタンダード」を世界に広めるまたとない機会である。

第二次世界大戦後の世界を支配してきたグローバル・スタンダードはいよいよ「金属疲労」を起こし、世界の変化に対応できなくなってきた。アジア通貨・金融危機をきっかけに広範なアジア諸国から批判の声が巻き起こり、欧米など先進諸国もこのままでは世界の秩序が保てないと思い始めてきた。ＩＭＦ改革の必要性に関する議論は、その象徴といえる。

世界経済が先進国を中心にしていた時代には、旧来のグローバル・スタンダードは有効だった。先進各国は一九二九年の世界大恐慌の経験を活かし、経済をコントロールできる巧妙なシステムを作り上げた。

ところがいまや世界経済は先進国だけが「主要プレイヤー」ではない。アジアを中心に多くの途上国が市場経済に参入し、世界経済において次第に役割を発揮し始めた。ところがそうした新しい事態に対し、先進諸国は従来と同様なグローバル・スタンダードに基づいて経済をコントロールしようとした。

これが大きな誤りだったのである。今回の通貨・金融危機を引き起こした背景としてさまざまな要因が挙げられているが、最も本質的な問題はここにある。世界経済の新しい変化、すなわち市場経済の輪が大きく広がり、これまでと違ったプレイヤーが参入してきているにもかかわらず、先進諸国、とりわけ米国が従来のグローバル・スタンダードに固執し、柔軟な対応を怠ったということではなかろうか。

中国が一国だけでグローバル・スタンダードに挑戦しようとしても、それは無謀な試みと言うしかない。巨大な風車に一人だけで攻め込んだドンキホーテと同じである。アジア通貨・金融危機の以前は確かにそうした状況がみられた。中国は世界唯一の超大国、米国を相手に果敢にも闘いを挑んでいった。時には善戦したこともあった。しかし最後の局面では中国が妥協せざるをえない場合が多かった。孤軍奮闘だったのである。

だがいまは違う。マレーシアは中国以上に米国に対する闘争心をむき出しにしている。インドネシアもこれまでは「IMFの優等生」であることを誇りにしていたが、いまや優等生が犯しがちな過ちに陥っていたことに気がついた。タイですら見直し気分が高まっている。「チャイニーズ・スタンダード」はアジアン・スタンダードの代表として、アジアや世界に受け入れられやすい雰囲気が生まれている。

アジアに浸透する中国の影響力

実際に中国経済圏は確実に広がりつつある。一九九七年七月一日の香港返還はその大きなはずみとなった。香港返還の翌日にアジア通貨・金融危機がタイで発生したのはまことにタイミングが悪かったが、中国にとって香港返還の持つ意味が極めて大きいことには変わりない。香港を通じて中国はさまざまな形で国際社会とのリンケージを強めていけるからだ。

さらに台湾とのトップ会談も九八年一〇月になって五年半ぶりに再開した。中台関係は一九八七年に台湾が大陸親族への訪問を解禁、これをきっかけに貿易・投資や人的往来などが活発化した。九三年からは双方の民間交流団体（中国側「海峡両岸関係協会」、台湾側「海峡交流基金会」）が交流に伴って生じる実務問題処理のための協議を始めていた。

ところが九五年六月に台湾の李登輝総統が訪米したことから双方の関係は一挙に冷却化し、民間交流団体同士の協議も中断されてしまった。九六年春には中国が台湾周辺海域でミサイル発射実験を行い、一触即発の事態をも招いた。

しかし九七年七月一日の香港返還が大過なく実現したこと、米国が台湾に対話を呼びかけたことなどから、再び双方に対話ムードが盛り上がってきた。そして九八年一〇月一四日には台湾から辜振甫・海峡交流基金会理事長が上海入りし、中国側の汪道涵会長と再会した。

中台間の話し合いはそう簡単にはいくまい。とりわけ統一問題をめぐっては「一国二制度」を主張する中国に対し、台湾は植民地だった香港とは事情が異なるとして受け入れを拒否している。九八年一〇月に訪中（各社論説委員訪中団）した際、中国の唐家璇・外相と約一時間会見した。ちょうど辜振甫理事長が上海に滞在中で、これから北京を訪れて江沢民総書記らと会談する直前だったが、唐外相の台湾に対する姿勢は思いのほか厳しかった。「李登輝を頭とする台湾当局はどれひとつ（われわれの提案に）誠意を示してくれない。積極的、建設的姿勢もとっていない」と李登輝総統を敬称もつけずに呼び捨てし、誠意のなさをなじった。

それでも一九九七年の中台貿易額は約二四四億ドルにまで膨らんでいる。統一問題の解決には時間がかかっても、貿易・投資など経済交流の面ではさらに緊密さを増していくことになろう。そうなると、まさに中国、香港、台湾のスリー・チャイナが一体化し、「大中華圏」が実現する。「チャイニーズ・スタンダード」はよりパワフルになって国際社会にさまざまなインパクトを与えていくに違いない。

人民元経済圏の広がり

人民元はまだ交換性を回復していない。しかし香港の空港ではすでに何年も前から人民元の交換が始まっている。香港だけではない。シンガポールなど東南アジアでも最近は交換できる地域が増えている。

中ロ国境では中国製品が大量にロシアに持ち込まれていく。ここでもロシアのルーブルは紙切れ同然で、人民元が幅を利かせている。中央アジアでも同様な光景を見ることができる。北京・朝陽区の大使館街のそばには、「ロシア街」が数年前から登場している。数百件のロシア相手の店が軒をつらね、繁盛している。ここで買い物をしたロシア人の荷物は直ちにこん包され、ロシアに運ばれていく。もちろんここでも人民元は圧倒的な強さを発揮している。

中国は今回のアジア通貨・金融危機で、なんとか人民元を切り下げまいと必死になっている。切り下げとなれば、人民元への信用ががた落ちになるからだ。とりわけ東南アジア諸国からの反発が強まることを警戒している。「アジアの盟主」としてできるだけ振る舞おう、との堅い決意のほどがうかがわれる。

いずれは人民元の交換性回復が実現しよう。そのための環境つくりはすでに始まっている。交換性の回復は、「チャイニーズ・スタンダード」が世界に認知される日でもあろう。そのころには国有企業の改革も一段落し、国際競争力を蓄えた大中型企業が出現しているかもしれない。

影響力広がれば、責任も重く

しかし「チャイニーズ・スタンダード」の影響力が大きくなってくればくるほど、国際社会・経済に対する中国の責任も重くなってくる。

ジャカルタの北部地域を高速道路で走ったとき、驚くべき光景を目の当たりにした。右手には華僑・華人の豪勢な一戸建ての住宅が並んでいる。大きなパラボラ・アンテナも目につく。一方、左手に目を転じると、そこはびっしりと家屋が密集していた。貧しいスラム街である。

インドネシアの華僑・華人はほとんどが同国の国籍を持っているが、その行動は「チャイニーズ・スタンダード」そのものである。「チャイニーズ・スタンダード」の最前線部隊とも言える。一九九八年五月の暴動では多くの華僑・華人が殺され、女性への暴行事件も多発した。こうした行為は決して許されないが、華僑・華人の側にも現地社会で羽振りをきかせすぎたとの反省が必要であろう。

中国はいま、経済発展に伴い各地で深刻な環境汚染の問題を引き起こしている。重慶や貴陽といった特定の地域だけではない。最近は北京も深刻な状況になりつつある。北京の秋はあくまでもさわやかに青く澄みわたり、「北京秋天」ともいわれていた。しかしそれはもう昔の話である。朝から空はスモッグでどんよりと曇り、太陽の隠れる日が多い。こうした環境汚染は国境を越えて世界に広がっていく。中国の国際社会に対する責任は重い。

「チャイニーズ・スタンダード」は今後、国際社会・経済のなかで存在感を増していき、これまでのグローバル・スタンダードを少しずつ変えていこう。しかし中国の悪しき伝統・習慣やなりふりかまわない経済発展の方式を世界に持ち込まないように注意するべきである。インドネシアの華僑・華人の振る舞いや環境汚染の問題はほんの一例でしかない。中国が国際経済・社会の健全な発展を損なう「諸悪の発信源」と言われないようにしなければならない。

「チャイニーズ・スタンダード」はあくまでも新しく形成される世界秩序に好ましい影響を与えるものでなければならない。そうしなければ、二一世紀の世界経済は歪んだ発展になってしまう。

注

（1）倪健民・宋宜昌主編『海洋中国』（国際広播出版社）
（2）雑誌『瞭望』一九九八年六月一五日号
（3）論文「開放を拡大し水準を高める」（『人民日報』一九九八年一月一六日付け）
（4）『人民日報』一九九六年三月二〇日付け
（5）論文「開放を拡大し水準を高める」（『人民日報』一九九八年一月一六日付け）
（6）『ニューヨークタイムズ』一九九八年七月一日付け社説
（7）『REMARKS BY THE PRESIDENT TO STUDENTS AND COMMUNITY OF BEIJING UNIVERSITY』（米ホワイトハウス・ホームページ「http://www.whitehouse.gov」）から抄訳
（8）一九九七年九月九日に日本で講演（同年一〇月二七日付け『N I K K E I　W E E K L Y』）
（9）米国広報・文化交流局ホームページ（http://www.usia.gov）より検索
（10）『中国新聞社＝中国通信』一九九八年六月一九日発
（11）『THE WASHINGTON QUARTERLY』一九九八年冬季号（NEXISより検索）
（12）『FOREIGN AFFAIRS』一九九八年五・六月号
（13）『瞭望』一九九八年六月一五日号

(14) 日中友好会館と三菱総合研究所の共催で一九九八年五月二九日に東京で開かれた「中国の金融改革」と題したシンポジウムにおいて発言
(15) 『経済日報』一九九七年八月一八日付け
(16) 『人民日報』一九九八年三月二日付け
(17) 『新華社』一九九八年三月二日発
(18) 『新華社』一九九七年一一月一九日発
(19) 『経済日報』一九九八年七月一五日付け
(20) 『中国証券報』一九九八年八月四日付け
(21) 中国国際信託投資公司一九九七年度報告書
(22) 中国化工輸出入総公司ホームページ (http://www.sinochem.com)
(23) 中国銀行ホームページ (http://www.bank-of-china.com)
(24) 『経済日報』一九九八年七月二六日付け
(25) 『瞭望』一九九八年第一七期
(26) 『瞭望』一九九七年一月二〇日号
(27) 中国国家統計局の「工業構造調整研究」班が発表した報告の中で、小規模業種からの国有企業撤退を呼びかけている (『新華社』一九九八年四月六日発)
(28) 一九九八年一〇月に大連、撫順の大中型国有企業をいくつか取材した。われわれが取材した企業はいずれも黒字経営の優良なところばかりだった (大手鉄鋼メーカーの鞍山製鉄は取材を希望したが受け入れられなかった) が、それでも改革によって国際競争力を付けていく作業は並大抵のことでないことが窺い知れた。

大連市政府経済研究センターの習成宝・主任副研究員によると、大連市には一一四社の大中型企業があるが、このうち国際競争力を持っている企業はベアリング、造船、ディーゼル機関車など全体の五分の一程度だという。

「大連造船新工場」は一九九〇年に創設されたばかりで、一年の売り上げは約二・五億ドル。中国の造船輸出の三分の一を受け持っている。しかしアジア通貨・金融危機で韓国の現代、三星などとの競争が激化、苦しい闘いを強いられている。新規契約の減少で九九年から売上に影響が出始め、二〇〇〇年はより一層厳しくなるという。

「撫順アルミ工場」は九七年のアルミ地金生産が一一・二万トンで、中国のアルミ地金では第三位の企業だが、やはりアジア通貨・金融危機の影響で東南アジア向けの輸出が減少、九七年末から赤字基調に転じている。王君国・副工場長は「撫順アルミ工場の労働生産性は一人当たり一万八八〇〇元。海外の最新鋭工場ではこの一〇〇倍はある」と圧倒的な競争力の格差を認めていた。

(29)『新華社』一九九八年一月二日発

(30)国家経済貿易委員会によると、一九九七年に資本構造最適化を実施した企業は合計二四八六社で、余剰人員を約一六九万人整理し、不良債権を四〇〇億元処理した。九八年は一一四四社が実施する予定という。

また九八年一〇月までに五一二社の重点企業については一八六社、一二〇社の企業集団については五九社がそれぞれ株式化などのリストラ策を完了したという。

(31)『人民日報』一九九八年三月二六日付け

(32)国家経済貿易委員会の劉東生・企業改革司副司長によると(一九九八年一〇月)、紡績部門の改革では三年ほどの時間をかけて、過剰設備の一千万錘を廃棄する。下崗(レイオフ)される人員は一二〇万人にも達する。政府は一万錘の設備廃棄に三〇〇万元を補助するなど各種の優遇策をとり、二〇〇〇年にはなんとか全企業が赤字から黒字に転換できるようにするという。

(33) 『経済日報』一九九七年一〇月一六日付け

(34) 『経済日報』一九九七年九月九日付け

(35) 『経済日報』一九九七年九月一一日付け

(36) 一九九八年五月に来日した長虹の倪潤峰董事長は日本経済新聞とのインタビューで「長虹のカラーテレビのシェアは現在、中国全体で三五%、九八年には四五%にまで引き上げたい」と語っている。

(37) 注(36)と同じ。

(38) 中国国営通信『新華社』一九九七年六月一七日付け。中国の企業は技術開発費にはこれまでほとんど資金を投入してこなかった。しかし最近では「売上の五%を技術開発のために使っている」(大連鋼鉄集団)といった企業が増えてきた。

(39) 『日本経済新聞』一九九七年一〇月二四日付け

(40) 『上海証券報』一九九八年六月七日付け

(41) 一九九八年九月に貴州省・茅台にある茅台酒の工場を訪れた。同工場はこれまで外国人記者の立ち入りを一切認めておらず、われわれが初めての取材となった。最近はアジア通貨危機の影響で東南アジア向けの輸出が減っているうえ、国内でも公式の宴会では茅台酒など「白酒」は使わなくなっている。それでも茅台酒の人気は根強く、「国酒」に恥じない売れ行きをみせている。

(42) 『華夏酒報』一九九八年七月一七日付け

(43) 『経済日報』一九九七年一〇月二二日付け

(44)『チャイナデイリー』一九九七年一〇月一五日付け
(45)『日経産業新聞』一九九八年六月二四日付け
(46)『経済日報』一九九七年一〇月七日付け
(47) 青島ビールのホームページ（http://www.tsingtaobeer.com.cn）
(48) 中国第一汽車集団公司のホームページ（http://www.fw.com.cn）
(49)『外資能否呑兼中国』（企業管理出版社）第四章
(50)『人民日報（海外版）』一九九七年一二月一五日付け
(51)『人民日報』一九九七年三月一〇日付け
(52)『経済日報』一九九八年八月二一付け
(53)『人民日報』一九九七年八月一三日付け
(54)『人民日報』一九九七年六月二五日付け
(55)『新華社』一九九七年一一月一六日発
(56) 日中経済協会『日中経済交流の現状と課題』（一九九七年度）
(57)『人民日報』一九九八年二月一九日付け
(58)『新華社』一九九八年四月二八日付けによると、上海市は五年以内に二万台余りのタクシーを液化石油ガス（LPG）自動車に改造する。とりあえず九八年はLPGスタンドを五カ所建設し、二千台のタクシーを改造する。
(59)『人民日報』一九九八年一月一九日付け
(60)『人民日報』一九九八年八月一四日付け
(61)『新華社』一九九八年二月一三日発

(62) 藤村幸義著『アジア経済に未来はあるか』(東洋経済新報社)では、この三つを「絶対悪の後進性」「必要悪の後進性」「独自発展の市場経済」と名づけている。
(63) 一九九八年九月に上海を視察したが、その際の現地説明では、九八年の重点的なインフラ整備項目として、①中心部の高速道路網の完成、②モノレール建設、③浦東への地下道(歩行者・自転車専用)建設、④地下鉄二号線――の四つを挙げていた。特に中心部の高速道路網は「申」の字のごとくに張りめぐらされ、数年前に比べると交通渋滞が目に見えて緩和している。市中心部を横断するのに一時間もかかるといった事態はなくなってきた。
(64) 朱兆・記者評論「上海金融の対外開放の足取りは穏健に」(『上海証券報』一九九八年五月二三日付け)
(65) 『新華社』一九九八年五月四日発
(66) 日中友好会館と三菱総合研究所の共催で一九九八年五月二九日に東京で開かれた「中国の金融改革」と題したシンポジウムにおいて発言。
(67) 中国人民銀行は九八年夏、住友、さくらの邦銀二行を含む外銀八支店に人民元の取り扱い業務を追加認可した。これで合計一七行になった。
(68) 『中華工商時報』一九九八年一月一七日付け
(69) 一九九八年夏に長江中流や東北部を襲った未曾有の洪水は九月末まではなんとか収まった。被害総額は国内総生産(GDP)の二%強にあたる一六六六億元に達した。もっとも復旧工事による内需刺激効果が期待できることもあって、政府は「経済成長への影響は〇・四から〇・五%程度」にとどまるとみている。しかも被災者救援に人民解放軍が活躍するなど、政治的にはプラスの面が多かったようだ。

(70)『サウスチャイナ・モーニングポスト』一九九八年一月一六日付け

(71) 特に目立つのは日本人観光客の減少である。地図と電卓を持った日本の若い女性のショッピング姿は香港の風物詩でもあったが、これがすっかり姿を消してしまった。ブランド商品の専門店をのぞいてみても、ほとんど客がいない。
香港にある日本の百貨店も撤退が相次いでいる。松坂屋はすでに一九九八年夏に撤退し、大丸も九八年末には香港三〇年の歴史に幕を閉じる。大丸は香港における日本人社会のシンボル的存在だっただけに、日本の後退ぶりを強く印象づけている。

(72)『日本経済新聞』一九九七年一一月二九日付け

(73) 一九九八年九月に取材に訪れた中国内陸部の貴州省、雲南省では、あちこちで道路建設が進められていた。特に九九年春に「花博」を開催予定の雲南省・昆明では、約一〇〇億元を投入して会場建設や周辺のインフラ整備に力を入れていた。これにより同省の経済建設を一〇年間早めることができるという。

(74) 中国で一九九八年八月に緊急出版された『人民幣可以説不』(桐川編著、中国城市出版社)は、いま人民元を切り下げても輸出増にはそれほど結びつかないし、中国経済に対する国内外の信任を失うというマイナス面の方が大きいと指摘している。ただ日本の円安がさらに進み、一ドル＝一五〇円を突破した場合には切り下げ圧力が増し、政府も厳しい判断を迫られるだろうとみている。

(75)『香港クォータリー』(大和総研) 一九九七年一二月号

(76)『経済日報』一九九八年七月二九日付け

(77)『人民日報』一九九七年一二月一〇日付け

(78)『人民日報』一九九八年三月三日付け

(79) 国家留学基金管理委員会ホームページ（http：//www. csc. edu. cn）
(80) 『人民日報』一九九六年九月二二日付け
(81) 文部省学術国際局留学生課
(82) 法務省入国管理局の資料
(83) 『人民日報（海外版）』一九九七年二月四日付け
(84) 『在日中国人大全』(1998-99年版) 劉莉生論文
(85) 『チャイナデイリー』一九九八年六月一七日付け
(86) 『チャイナデイリー』一九九八年八月一二日付け
(87) 『中国計算機報』一九九七年一二月八日付け
(88) 『人民日報』一九九八年一月六日付け
(89) 『中国計算機報（九八年八月一三日号）』ホームページ（http：//www.ciw.com.cn）
(90) 注(89)と同じ。
(91) 『チャイナデイリー』一九九八年六月三〇日付け
(92) プリンストン大学のミンシン・ペイ助教授は『FOREIGN AFFAIRS』の一九九八年一／二月号論文で「一九九七年初頭で二〇二六人」との数字を挙げている。また香港『明報』(電子版、一九九八年五月三一日)は「三千人以上」と指摘している。
(93) 『新華社』一九九七年九月八日発
(94) 天児慧著『現代中国　移行期の政治社会』(東京大学出版会)
(95) 『新華社』一九九七年八月二四日発
(96) 中国国内でも政治改革の必要性を訴える論調は少しずつ出始めている。例えば『政治中国　面向新体制選択的時代』（董郁玉・施濱海編、今日中国出版社）の江平論文は「政治体制改革は敏感な問題だが、だからといって改革をやらない理由にはならない」「まず問題を討論する雰囲気をつくることが大切だ。民主的な方法でこの問題を討議すれば、実践に伴う衝突も減らすことができる」と強調している。

具体的な動きとして注目されるのは、中国で初めての野党「中国民主党」の結成を目指す民主活動家の動きがみられることだ。一九九八年九月には当局に結成のための申請書類を送付している。いまの憲法の枠内で合法的な活動を行う方針を明らかにしている。ただこれに対し党・政府がどのような対応をするかはまだ不透明である。

（97）大連鋼鉄集団（一九九八年一〇月取材）では、党委員会書記の役割として、①わいろなど不祥事が起こらないように指導部を監督する、②役員会が決めた方針を従業員が受け入れ、実行に移すことを保証する――の二点を挙げていた。従来は「思想・教育」が中心だったが、役割の変化していることがわかる。こうした役割をこなすには経済の実態にも強くなければならない。実際に同集団の党委員会書記は経済に強いとのことだった。党委員会書記は役員兼務や監査の形で、取締役会にも参加するケースが多いという。

（98）香港紙『蘋果日報』一九九七年一一月二四日付け

（99）香港当局は一九九八年八月、国際投機筋の執拗な攻撃に対抗するために株式市場に介入した。この介入について香港では「返還前ならば、市場介入はやらなかったはずだ」「自由経済の香港は変質してしまった」など批判的な意見も多い。

確かに返還後の香港では中国の影響がさまざまな形で強まっている。香港政府とのやりとりを例にとると、以前はきちんと文書を交わしていたが、最近はまず当局が電話で意向を聞いてくる場合が多いという。今回の通貨危機でも当局からのヒアリングが目立って増えている。従来の「積極的不介入」のやり方とは明らかに違う。

しかしパッテン総督であっても、国際投機筋のあれだけの攻撃を前にして黙視しえただろうか。香港は国際金融都市とは言っても、まだ完全に市場経済になりきっていない遅れた部分もある。そこを攻撃されると、持ちこたえられない。やはりパッテン総督も香港ドル維持のために株式市場に介入せざるを得なかったかもしれない。したがって株式市場への介入があったからと言って、それだけで「香港の中国化が進んだ」と一概には言えない面がある。

あとがき

改革・開放から二〇年

一九九八年一二月は中国が鄧小平氏の陣頭指揮のもとで改革・開放政策に着手してから、ちょうど二〇年目の節目に当たる。中国のこれまでの発展を振り返るとともに、今後の進むべき方向を指し示すには格好の時期である。

中国の改革・開放の歩みはまさに紆余曲折の連続だった。特に八九年六月の天安門事件は最大のピンチだったが、鄧小平氏は九二年春の「南巡講話」で「改革・開放の一段の進展」を呼びかけ、起死回生を図った。とにかくいくら情勢が厳しくとも、改革・開放の旗を決して降ろさず、前に向かって進み続けたのが幸いした。

私が日本経済新聞社の北京特派員として北京に赴任したのは、まさに改革・開放がスタートした直後の一九七九年三月のことだった。それから二〇年間、中国の改革・開放との闘いを「砂かぶりの桟敷席」から間近に観戦してきた。

八五年に『一〇億人のテイクオフ』（中央経済社）を出版した。当時はまだ改革・開放政策が果たして成功するかどうか難しい時期にあった。共産党政権は権力闘争ですぐにも崩壊するのではないかとの見方も少なくなかった。だが私は、改革・開放の基本方針はもはや変えようがなく、市場経済化をめいっぱい進める以外に中国の将来はない、と判断した。今日の中国をみれば、まさにその通りになっている。

今回、『チャイニーズ・スタンダード』を執筆する気になったのは、中国の改革・開放が第二段階に突入し、いよいよ本格的に世界に挑んでいく時期を迎えたからである。第一段階の改革・開放は国内中心だったが、第二段階は世界標準（グローバル・スタンダード）が相手であるだけに、これまで以上に厳しい道のりが予想される。とりわけグローバル・スタンダードの具現者である超大国・米国との闘いは熾烈を極めよう。

しかし中国の国際社会・経済システムへの参入なくして、二一世紀の繁栄はありえない。どのような形で「チャイニーズ・スタンダード」が世界に組み込まれていくかが、最大の関心事になる。いまはアジア通貨・金融危機が猛威をふるっており、中国も火の粉を防ぐのに懸命だが、いつまでも危機が続くわけではない。今後一〇年を見渡せば中国の進むべき方向は内向きではなく、明らかに外向きになろう。

アジア諸国はいま、いかにすれば自国のファンダメンタルズに適合した独自の市場経済システムを形成していけるか、必死になってもがいている。どうすればそうした独自の市場経済が確立できるかについては、一九九七年末に出版した『アジア経済に未来はあるか』（東洋経済新報社）

のなかで詳細に論述した。本書はそこから一歩進めて、中国独自のシステムである「チャイニーズ・スタンダード」がどこまで世界に通用するかに焦点を当ててみた。

不況感の感じられない中国

本書をひとまず脱稿したあと、アジア各地を立て続けに取材して回った。訪れた都市は中国の北京、上海、撫順（遼寧省）、大連（同）、旅順（同）、貴陽（貴州省）、茅台（同）、昆明（雲南省）、麗江（同）、大理（同）、それに香港、ジャカルタ、バンコクである。東アジアを北から南までほぼまんべんなくみることができた。

タイやインドネシアはアジア通貨・危機に打ちのめされ、息も絶え絶えだった。とりわけジャカルタのチャイナタウン、コタ地区は九八年五月の暴動で多くのビルが焼き打ちに合い、無残なつめ跡をそのままさらしていた。バンコクでは資金不足から工事を途中で中断した建設現場が目立った。香港ではドル・ペッグ制維持の代償として、物価高など深刻な影響が出ていた。観光客もがた減りである。

ところが中国大陸に一歩足を踏み込むと、様相はがらりと変わってくる。確かに国有企業の改革はうまくいかず、失業者も増えている。輸出の伸びも急速に鈍化している。長江中流では九八年夏に大規模な洪水に見舞われた。

しかし街を歩いていると、不況感はほとんど伝わってこない。昆明、貴陽など内陸部の諸都市は道路建設で活気にあふれていたし、上海の繁華街は相変わらずの人出でごった返している。北京の銀座・王府井通りは大規模な再開発の真っ最中だった。まだ高度成長の勢いがあちこちに残っているのである。

東南アジア諸国は大幅なマイナス成長に陥っている。一方、中国は一時の二ケタ台の伸びに比べればブレーキがかかっているが、それでも九八年も八％近い成長率は確保できる。世界を見渡してもこれだけの高い成長率を維持している国は見当たらない。長江中流域の洪水も広大な中国の面積からみればごく一部であり、他のほとんどの地域はむしろ豊作である。

アジアを回って感じたのは、一言で言えば中国の存在感の大きさである。この存在感はアジアにおいてのみならず、国際社会においても今後、ますます大きくなっていくに違いない。「チャイニーズ・スタンダード」を掲げ世界標準に挑む中国、という本書で展開したコンセプトに間違いのないことを実感した。

最後になって恐縮だが、本書の執筆では慶応大学時代の恩師である北原勇・井村喜代子ご夫妻（現在ともに慶応義塾大学名誉教授）に大変お世話になった。全体の構成だけでなく書名や見出しについても貴重なご意見をいただいた。深く感謝したい。また勁草書房編集部の宮本詳三氏からも的確なご指示を多くいただいた。とりわけ脱稿からわずか三カ月という短期間で出版していただいたご努力に敬意を表したい。

一九九八年一〇月

藤村幸義

ま行

や行

ら行

た行

索　　引

著者紹介
1944年生まれ（ソウル）。1967年に慶應義塾大学経済学部を卒業、日本経済新聞社へ入社。1979年から1983年まで北京特派員、1987年から1989年まで北京支局長。社長室部長、アジア部長を経て、1991年から論説委員として中国・アジアなどを担当、現在に至る。この間に法政大学経済学部、慶應義塾大学経済学部で中国・アジア経済を教える。著書に『10億人のテイクオフ』（中央経済社、1985年）、『アジア経済に未来はあるか』（東洋経済新報社、1997年）、共著に『華人経済の世紀』（プレジデント社、1994年）など。

チャイニーズ・スタンダード　世界標準に挑む中国

1998年12月15日　第1版第1刷発行

著　者　藤《ふじ》村《むら》幸《たか》義《よし》
発行者　井村寿人

発行所　株式会社　勁《けい》草《そう》書房
112-0004　東京都文京区後楽2-23-15　振替　00150-2-175253
電話（編集）03-3815-5277（営業）03-3814-6861
FAX　03-3814-6854
平文社・和田製本

ISBN 4-326-55036-8
http://www.keisoshobo.co.jp

チャイニーズ・スタンダード　世界標準に挑む中国

2015年1月20日 オンデマンド版発行

著　者　藤　村　幸　義

発行者　井　村　寿　人

発行所　株式会社　勁《けい》　草《そう》　書　房

112-0005 東京都文京区水道 2-1-1　振替　00150-2-175253
（編集）電話 03-3815-5277／FAX 03-3814-6968
（営業）電話 03-3814-6861／FAX 03-3814-6854

印刷・製本　（株）デジタルパブリッシングサービス http://www.d-pub.co.jp

AI954

ISBN978-4-326-98197-7　Printed in Japan